2025 사순절 묵상

40일의 여정

사랑마루

초대의 글

생명의 빛 되신 주님을 바라보며

　사순절(Lent)-부활절(Easter)-오순절(Pentecost)로 이어지는 부활절기는 가장 먼저 사순절로 시작됩니다. 이 절기는 예수 그리스도께서 이 땅에 오셔서 수난당하신 것을 기념합니다. 교회는 이 기간을, 부활절을 기다리며 기도하고 금식하며 절제하고 자신을 성찰하는 시간으로 보냅니다. 올해 사순절은 3월 5일, 재의 수요일(Ash Wednesday)로 시작됩니다.

　주님의 몸 된 교회는 사순절에 회개하며 보냅니다. 예수 그리스도께서 인간의 죄로 인해 죽임당하셨습니다. 그 참회의 표시로 종려나무 가지를 태운 재를 이마에 바르고 죄를 고백하였습니다. 이러한 교회의 오랜 전통을 따라, 우리 역시 사순절을 회개하며 보내야 합니다. 나의 권리, 소유를 앞세우거나, 삶의 방식, 인간 관계, 미래 계획 등에서 주님보다 우선시했던 것을 모두 내려놓아야 합니다. 교만하고 자만하며 자신만을 귀하게 여겼던 습관들로부터 내려와 재 위에 앉아 통회해야 합니다.

　또한 사순절에는 예수 그리스도를 바라보며 보냅니다. 초대교회의 성도들이 예수 그리스도께서 인간을 대신해 죽으시고 죄를 사해주시기 위해 살과 피를 희생하신 것을 기념하는 성찬을 준비하며, 예수님께서 겪으신 수난에 동참하기 위해 금식했던 전통을 따라 사순절을 보내야 합니다. 세상의 필요에 집중하기보다, 주님만 집중하여, 낮은 자리로 오시고, 신실하게 사역하시고, 십자가 고난과 치욕을 짊어지고 죽으신 예수님이 우리를 영원한 죽음으로부터 일으키셨음을 사순절 기간에 확신하고 또 확신해야 합니다.

마지막으로, 사순절에 교회는 예수님의 부활을 소망합니다. 하나님의 의를 붙들고 살아가는 그리스도인으로서 예수님의 부활을 소망하며, 오늘의 그리스도인들에 대한 오해와 진리가 왜곡된 현실 속에서도, 무너진 사랑의 정신이 승리할 것을 확신해야 합니다. 그래서 사순절 동안 세상의 지탄과 조롱, 세상의 박해에도 십자가만을 바라보며 부활의 소망으로 하루하루를 묵묵히 기도하며 살아가야 합니다. "사순절 묵상 40일의 여정"은 성경이 조명하는 죄인이었던 우리의 모습, 그리고 예수님의 공생애 사역을 따라가며 자신을 돌아보게 합니다. "사순절 묵상 40일의 여정"을 통해 교회가 자기 갱신과 변화, 성숙과 성장의 시간을 갖길 바랍니다. 철저하게 자신을 성찰하고, 예수 그리스도가 달리신 십자가를 묵상하며, 부활의 시간까지 묵묵히 자기 십자가를 지고 주님 따르기를 결단하며 부활의 아침을 맞이하시기 바랍니다.

2025년 사순절 시작에
발행인 문창국 목사

일러두기

교회력과 사순절
Church Year and Lent

    초대교회는 유대인들이 그들의 달력을 중심으로 한 해 삶의 일상을 세워갔던 것과 유사하게 예수님의 생애를 중심으로 한 해의 삶을 세웠습니다. 그들은 먼저 예수님께서 죽으신 금요일과 부활하신 주일을 기점으로 안식일을 주일로 바꾸고 주일에 예배와 말씀 나누기, 그리고 성찬과 세례의 의식들을 세웠습니다. 그리고 세상에 오셔서 복음을 전하시고 고난 당하셔서 죽으신 후 부활하셨다가 승천 후 다시 오실 예수님의 생애를 따라 대강절과 성탄절, 현현절, 사순절, 고난주일, 부활절과 오순절 등을 한 해를 주기로 배치하였습니다. 이것이 교회력입니다.

    특별히 사순절(Lent)은 교회력 가운데 예수님의 고난 당하심과 죽으심, 그리고 부활의 사건을 기념하는 절기입니다. 이 기간은 성회일 즉, 재의 수요일(Ash Wednesday)이라 불리는 날로부터 시작되어 주님께서 다시 살아나신 부활절에 끝나게 됩니다. 이 기간, 성도는 쾌락적이고 자극적인 삶으로부터 물러서서 스스로를 삼가고 회개하는 등 경건한 시간을 갖습니다. 그래서 우리의 죄를 위해 고난 받으시고 죽으신 후 부활하여 우리를 참 구원의 길로 인도하신 예수님의 은혜와 사랑을 기념합니다.

사순절 묵상 이렇게 하세요.
1. 조용한 곳에서 기도와 찬송으로 묵상을 시작합니다.
2. 성경을 펴서 본문의 말씀과 내용을 읽고 묵상합니다.
3. 오늘의 기도를 읽고 기도합니다.
4. 공동체와 함께 묵상하고 나누면 더 좋습니다.

사순절 묵상집 집필자
류승동 목사(총회장, 인후동교회)
김주헌 목사(전총회장, 북교동교회)
이명관 목사(교육부장, 진주교회)

차례

초대의 글
일러두기

재의 수요일
3월 5일(수) 여호와께 돌아오라
3월 6일(목) 흙으로 돌아갈 것을 생각하라!
3월 7일(금) 베를 두르고 재에서 구르며 통곡하며
3월 8일(토) 그리스도의 고난을 따라

**사순절
첫째 주간**
3월 10일(월) 내 안의 금송아지는?
3월 11일(화) 당신의 보물은 어디에 둡니까?
3월 12일(수) 용서를 비는 기도
3월 13일(목) 하나님을 경외하도록
3월 14일(금) 탐욕과 이기심을 내려놓고
3월 15일(토) 미련으로 뒤를 돌아보면

**사순절
둘째 주간**
3월 17일(월) 예수, 복음, 기쁨
3월 18일(화) 예수, 부르심, 기적
3월 19일(수) 예수, 치유, 회복
3월 20일(목) 예수, 구원, 용서
3월 21일(금) 예수, 길과 진리, 생명
3월 22일(토) 예수, 성령, 능력

**사순절
셋째 주간**
3월 24일(월) 하나님을 사랑하라 진심으로
3월 25일(화) 서로 사랑하라 내가 너희를 사랑한 것 같이
3월 26일(수) 복음을 전하라 나와 함께
3월 27일(목) 기도하라 낙심하지 말고
3월 28일(금) 예수님의 본을 따라 겸손과 섬김을 살라
3월 29일(토) 깨어 있어 준비하라

사순절 **넷째 주간**	3월 31일(월) 풍성한 생명을 얻은 삶 4월 1일(화) 주님이 주신 평안 4월 2일(수) 너희 마음이 쉼을 얻으리니 4월 3일(목) 영적 양식 누리기 4월 4일(금) 단 한 번의 제사로 온전하게 4월 5일(토) 가장 고통스러운 형벌을 지고 주신, 치유
사순절 **다섯째 주간**	4월 7일(월) 영원한 거처를 예비하시다 4월 8일(화) 하늘의 상급을 기억하라 4월 9일(수) 겸손한 왕의 예루살렘 입성 4월 10일(목) 성전을 거룩하게 4월 11일(금) 산헤드린의 음모 4월 12일(토) 유월절 식사
고난주간	4월 14일(월) 보여주시는 사랑 4월 15일(화) 겟세마네의 기도 4월 16일(수) 고통과 조롱속에서도 4월 17일(목) 십자가에 못 박히신 예수님 4월 18일(금) 모두에게 버림당하신 예수님 4월 19일(토) 침묵 속의 기다림
부활주일	4월 20일(주일) 여기 계시지 않고 살아나셨느니라

사순절 제1일

여호와께 돌아오라

본문: 요엘 2장 12~17절 | 찬송: 259장 예수 십자가에 흘린 피로써

　사순절이 시작되었습니다. 40일 동안 우리의 죄를 고백하며 용서함을 받고 부활의 기쁨을 맞이하길 바랍니다. 요엘은 하나님의 심판이 임박한 상황에서 이스라엘 백성을 향하여 회개를 외칩니다. "옷을 찢지 말고 마음을 찢으라."며 단순히 외형적인 회개가 아니라, 진정한 마음의 변화를 요구합니다. 그러면서 "여호와께 돌아올지어다 그는 은혜로우시며 자비로우시며"라는 말씀으로 하나님께서 우리의 회개를 기뻐하실 뿐 아니라, 우리의 삶이 회복되기를 원하신다는 것을 보여줍니다.

　우리의 회개를 돌아봅시다. 겉으로 드러나는 회개에만 머물지 말고, 마음 깊은 곳에서 하나님께 돌아가야 합니다. 사순절은 이렇게 진심 어린 회개로 시작하여, 예수 그리스도의 십자가와 부활을 깊이 묵상하며 새로운 삶을 시작하는 시간이 되어야 합니다. 우리의 죄와 실패에도 불구하고 하나님은 우리를 끝없이 사랑하시고, 우리를 통해 새로운 일을 이루시기를 원하십니다.

　자신의 마음을 조용히 돌아보며 하나님께 더 가까이 나아가십시오. 말씀을 읽고 묵상하며, 회개의 기도를 통해 자기 삶의 방향을 점검하십시오. 작은 결단이라도 주님께로 향하는 발걸음을 떼며 하루를 보내보십시오.

2025. 3. 5 (재의 수요일)

요엘 2장 12~17절

12 여호와의 말씀에 너희는 이제라도 금식하고 울며 애통하고 마음을 다하여 내게로 돌아오라 하셨나니
13 너희는 옷을 찢지 말고 마음을 찢고 너희 하나님 여호와께로 돌아올지어다 그는 은혜로우시며 자비로우시며 노하기를 더디하시며 인애가 크시사 뜻을 돌이켜 재앙을 내리지 아니하시나니
14 주께서 혹시 마음과 뜻을 돌이키시고 그 뒤에 복을 내리사 너희 하나님 여호와께 소제와 전제를 드리게 하지 아니하실는지 누가 알겠느냐
15 너희는 시온에서 나팔을 불어 거룩한 금식일을 정하고 성회를 소집하라
16 백성을 모아 그 모임을 거룩하게 하고 장로들을 모으며 어린이와 젖 먹는 자를 모으며 신랑을 그 방에서 나오게 하며 신부도 그 신방에서 나오게 하고
17 여호와를 섬기는 제사장들은 낭실과 제단 사이에서 울며 이르기를 여호와여 주의 백성을 불쌍히 여기소서 주의 기업을 욕되게 하여 나라들로 그들을 관할하지 못하게 하옵소서 어찌하여 이방인으로 그들의 하나님이 어디 있느냐 말하게 하겠나이까 할지어다

오늘의 기도 마음을 찢는 회개의 은혜를 허락하시고, 날마다 주님의 뜻대로 변화되게 하소서.

사순절 제2일

흙으로 돌아갈 것을 생각하라!

본문: 창세기 3장 19절 | 찬송: 531장 자비한 주께서 부르시네

흙으로 돌아간다는 말씀은 죄로 인해 인간이 죽음을 피할 수 없게 되었음을 알려 줍니다. 아담과 하와가 하나님의 명령을 어기고 선악과를 따먹은 이후, 흙에서 나온 인간이 다시 흙으로 돌아가는 존재가 된 것입니다. 아담과 하와의 범죄로, 모든 인류는 죄의 결과인 죽음이라는 현실과 마주하게 되었습니다. 이것은 단순히 죽음을 경고하는 것으로 끝나지 않고, 여전히 인간의 생명과 존재가 하나님의 주권 아래에 있음을 상기시킵니다. 하나님은 인간이 다시 흙으로 돌아가는 과정에서도 돌보시고 그분의 계획안에서 새로운 창조를 이루십니다.

사순절은 이 땅에서의 유한한 삶을 겸손히 인정하고, 부활의 소망 속에서 하나님께 우리의 삶을 의탁하는 시간입니다. 우리의 유한한 삶도 하나님의 은혜로 새롭게 창조될 수 있습니다. 사순절 동안 우리는 연약한 자신을 돌아보며, 하나님 안에서 다시 태어나는 회복과 소망의 길로 나아가야 합니다.

삶의 유한함과 연약함을 받아들이며 하나님께 모든 것을 맡기는 기도를 드립시다. 주어진 하루에 감사하며, 사랑과 나눔을 실천하며 하나님의 은혜를 체험하는 하루로 살아갑시다.

2025. 3. 6 (목)

창세기 3장 19절

19 네가 흙으로 돌아갈 때까지 얼굴에 땀을 흘려야 먹을 것을 먹으리니 네가 그것에서 취함을 입었음이라 너는 흙이니 흙으로 돌아갈 것이니라 하시니라

오늘의 기도   우리의 유한함을 겸손히 받아들이고 매 순간 주님의 은혜를 의지하게 하소서.

사순절 제3일

베를 두르고 재에서 구르며 통곡하며

본문: 예레미야 6장 22~26절 | 찬송: 273장 나 주를 멀리 떠났다

하나님께서 예레미야를 통해 북쪽에서 닥칠 심판을 예언하셨습니다. "한 민족이 북방에서 오며 큰 나라가 땅 끝에서부터 떨쳐 일어나나니" 바벨론 침공의 예언입니다. 이 민족은 잔인하며 무자비한 군사력을 갖추고 이스라엘을 심판할 도구로 사용될 것입니다. 이러한 경고 속에서 예레미야는 이스라엘에게 '굵은 베를 두르고 재에서 구르며 슬퍼하라'고 명령합니다. 단순한 애도가 아니라, 죄로 인한 심판을 깨닫고 철저히 회개하라는 외침입니다.

이 말씀은 우리의 삶에 경각심을 줍니다. 하나님은 단순히 우리의 잘못을 지적하시는 것이 아니라, 죄에서 철저히 돌이켜 하나님께 돌아오라고 초대하십니다. 사순절은 이러한 초대에 응답하여 우리의 마음과 삶을 돌이키는 시간입니다.

내 삶 속에서 잘못된 부분이나 하나님과 멀어지게 만든 요소는 무엇입니까? 겉으로 드러나는 행동뿐 아니라 마음 깊은 곳에서 통곡하여야 할 부분을 철저히 회개하며, 새롭게 해 주실 하나님을 기대합시다.

2025. 3. 7 (금)

예레미야 6장 22~26절

22 여호와께서 이와 같이 말씀하시되 보라 한 민족이 북방에서 오며 큰 나라가 땅 끝에서부터 떨쳐 일어나나니
23 그들은 활과 창을 잡았고 잔인하여 사랑이 없으며 그 목소리는 바다처럼 포효하는 소리라 그들이 말을 타고 전사 같이 다 대열을 벌이고 시온의 딸인 너를 치려 하느니라 하시도다
24 우리가 그 소문을 들었으므로 손이 약하여졌고 고통이 우리를 잡았으므로 그 아픔이 해산하는 여인 같도다
25 너희는 밭에도 나가지 말라 길로도 다니지 말라 원수의 칼이 있고 사방에 두려움이 있음이라
26 딸 내 백성이 굵은 베를 두르고 재에서 구르며 독자를 잃음 같이 슬퍼하며 통곡할지어다 멸망시킬 자가 갑자기 우리에게 올 것임이라

오늘의 기도 주님과 멀어지게 한 죄와 잘못을 깨닫고, 주님께 돌아가는 삶을 살게 하소서.

사순절 제4일

그리스도의 고난을 따라

본문: 베드로전서 2장 21절 | 찬송: 151장 만왕의 왕 내 주께서

　베드로는 "그리스도도 너희를 위하여 고난을 받으사 너희에게 본을 끼쳐 그 자취를 따라오게 하려 하셨느니라"라며 고난이 그리스도인의 삶에서 중요한 부분임을 강조합니다. 그리스도께서 우리를 위해 고난을 받으셨다는 사실을 지식적으로 아는 것에서 나아가, 우리 삶 속에서 그 고난의 본을 따르라고 촉구합니다. 이는 예수님의 십자가 고난이 단순한 구원의 사건이 아니라 우리가 따라야 할 삶의 방식이기 때문입니다.

　예수님은 고난 속에서도 죄를 범하지 않으셨고, 억울한 상황에서도 하나님께 순종하며 자신의 모든 것을 맡기셨습니다(22-23절). 우리도 고난 중에도 예수님을 본받아 믿음으로 살아야 합니다. 사순절은 고난의 본을 따르며, 예수님과 더욱 깊이 동행하는 시간입니다.

　예수님의 고난과 그분의 삶을 깊이 묵상하며, 어려움 속에서도 하나님을 바라봅시다. 작고 사소한 일에서도 예수님의 본을 따라 사랑과 인내를 실천합시다. 억울한 일에도 하나님께서 바로잡아 주시도록 맡기는 오늘 하루를 살아봅시다.

2025. 3. 8 (토)

베드로전서 2장 21절

21 이를 위하여 너희가 부르심을 받았으니 그리스도도 너희를 위하여 고난을 받으사 너희에게 본을 끼쳐 그 자취를 따라오게 하려 하셨느니라

오늘의 기도 고난 속에서도 하나님께 순종하며, 예수님을 본받아 사랑과 인내를 실천하게 하소서.

사순절 제5일

내 안의 금송아지는?

본문: 출애굽기 32장 25~35절 | 찬송: 280장 천부여 의지 없어서

모세가 시내산에서 율법을 받는 동안 이스라엘 백성들은 하나님을 떠나 금송아지를 만들어 숭배했습니다. 모세가 자리를 비운 사이, 백성들은 자신들의 불안을 하나님이 아닌 눈에 보이는 우상에게 의지하려 했습니다. 금송아지는 단순히 물질적 금으로 만들어진 신상이 아니라, 백성들이 하나님보다 더 의지하려고 한 모든 잘못된 대상이었습니다. 모세는 이스라엘의 죄로 인해 하나님의 진노가 임할 것을 보며 중보기도를 드립니다. 그는 자신의 생명을 걸고 백성들을 위해 용서를 구합니다.

모세의 기도를 통해 하나님의 긍휼이 드러나며, 우리가 하나님께 회개하며 돌아갈 때 어떤 은혜를 기대할 수 있는지를 보여줍니다. 우리의 마음속 금송아지를 발견하고 내려놓으며, 하나님께만 집중하는 시간이 필요합니다.

하나님보다 더 의지하거나 우선시했던 내 마음속 금송아지를 내려놓는 결단을 합시다. 작은 습관이라도 하나님께 집중할 수 있는 시간을 작정합시다. 그 시간을 진정한 예배와 감사로 보내는 오늘 하루가 되길 바랍니다.

2025. 3. 10 (월)

출애굽기 32장 25~35절

25 모세가 본즉 백성이 방자하니 이는 아론이 그들을 방자하게 하여 원수에게 조롱거리가 되게 하였음이라
26 이에 모세가 진 문에 서서 이르되 누구든지 여호와의 편에 있는 자는 내게로 나아오라 하매 레위 자손이 다 모여 그에게로 가는지라
27 모세가 그들에게 이르되 이스라엘의 하나님 여호와께서 이렇게 말씀하시기를 너희는 각각 허리에 칼을 차고 진 이 문에서 저 문까지 왕래하며 각 사람이 그 형제를, 각 사람이 자기의 친구를, 각 사람이 자기의 이웃을 죽이라 하셨느니라
28 레위 자손이 모세의 말대로 행하매 이 날에 백성 중에 삼천 명 가량이 죽임을 당하니라
29 모세가 이르되 각 사람이 자기의 아들과 자기의 형제를 쳤으니 오늘 여호와께 헌신하게 되었느니라 그가 오늘 너희에게 복을 내리시리라
30 이튿날 모세가 백성에게 이르되 너희가 큰 죄를 범하였도다 내가 이제 여호와께로 올라가노니 혹 너희를 위하여 속죄가 될까 하노라 하고
31 모세가 여호와께로 다시 나아가 여짜오되 슬프도소이다 이 백성이 자기들을 위하여 금 신을 만들었사오니 큰 죄를 범하였나이다
32 그러나 이제 그들의 죄를 사하시옵소서 그렇지 아니하시오면 원하건대 주께서 기록하신 책에서 내 이름을 지워 버려 주옵소서
33 여호와께서 모세에게 이르시되 누구든지 내게 범죄하면 내가 내 책에서 그를 지워 버리리라
34 이제 가서 내가 네게 말한 곳으로 백성을 인도하라 내 사자가 네 앞서 가리라 그러나 내가 보응할 날에는 그들의 죄를 보응하리라
35 여호와께서 백성을 치시니 이는 그들이 아론이 만든 바 그 송아지를 만들었음이더라

오늘의 기도 하나님보다 더 의지했던 것들을 내려놓고, 온전히 하나님께만 시선이 향하도록 도와주소서.

사순절 제6일

당신의 보물은 어디에 둡니까?

본문 : 마태복음 6장 19~21절 | 찬송 : 588장 공중 나는 새를 보라

　예수님께서는 우리의 삶의 방향이 무엇을 가장 가치 있게 여기는가에 따라 결정된다고 가르치십니다. "보물을 땅에 쌓아두지 말라."며 세상의 재물, 명예, 권력 등이 결국 부패하고 사라질 것을 경고하십니다. 벌레나 녹의 해를 입거나, 도둑이 훔쳐 가는 것처럼 세상적인 가치는 불확실하고 일시적입니다. 반면 "보물을 하늘에 쌓아 두라."며 영원하고 변하지 않는 가치를 따르라고 권면하십니다. 그것은 하나님의 뜻을 따르는 삶, 이웃을 사랑하며 하나님 나라를 위해 헌신하며 사는 것입니다.

　우리의 보물이 세상에 있다면, 불확실하고 일시적인 것에 둔 마음은 불안과 욕심, 집착으로 가득할 것입니다. 그러나 보물이 하늘에 있다면, 영원하고 변하지 않는 것에 둔 우리의 마음은 하나님께로 향하며 평안과 만족을 누릴 것입니다.

　우리의 마음은 어디에 있습니까? 영원한 가치를 추구하고 있습니까? 내 마음이 어디에 있는지 돌아봅시다. 하나님보다 우선시했던 것들을 내려놓고 영원한 가치를 따르는 삶을 결단합시다. 나의 시간, 재능, 물질을 하나님 나라를 위해 사용할 방법을 고민하고 실천하는 오늘 하루가 되길 바랍니다.

2025. 3. 11 (화)

마태복음 6장 19~21절

19 너희를 위하여 보물을 땅에 쌓아 두지 말라 거기는 좀과 동록이 해하며 도둑이 구멍을 뚫고 도둑질하느니라
20 오직 너희를 위하여 보물을 하늘에 쌓아 두라 거기는 좀이나 동록이 해하지 못하며 도둑이 구멍을 뚫지도 못하고 도둑질도 못하느니라
21 네 보물 있는 그 곳에는 네 마음도 있느니라

오늘의 기도 세상의 유혹과 욕심에서 벗어나, 하늘의 영원한 보물을 바라보게 하소서.

사순절 제7일

용서를 비는 기도

본문: 시편 51편 1~17절 | 찬송: 421장 내가 예수 믿고서

    시편 51편은 다윗이 밧세바와의 일로 나단으로부터 경고를 받은 후 하나님께 드린 회개의 시입니다. 다윗은 자신의 죄를 숨기지 않고 하나님 앞에 드러내며, 오직 하나님의 긍휼과 자비를 의지해 용서를 구합니다. 다윗은 "하나님이여 주의 인자를 따라 내게 은혜를 베푸시며"라며 하나님의 성품을 철저히 신뢰합니다. 다윗은 자신의 죄가 "항상 내 앞에 있다."라고 고백하며, 하나님께 죄를 범한 사실 자체를 뼈저리게 자각합니다. 단순히 용서를 구하는 것만이 아니라, 하나님께서 '정한 마음'과 '정직한 영'으로 새롭게 하시기를 간구합니다.

    회개는 단순한 죄의 인정으로 끝나서는 안 됩니다. 회개는 삶의 변화와 하나님과의 관계 회복으로 이어져야 합니다. 회개하며 우리의 연약함을 인정하고, 하나님의 은혜로 새로워지길 바라야 합니다.

    자신의 마음을 깊이 살피고 하나님 앞에서 죄를 고백하며 진정으로 회개하며, 더는 과거의 실수에 얽매이지 말고 하나님께서 주시는 새 마음과 새 영으로 새롭게 되길 결단해 봅시다.

2025. 3. 12 (수)

시편 51편 1~17절

1 하나님이여 주의 인자를 따라 내게 은혜를 베푸시며 주의 많은 긍휼을 따라 내 죄악을 지워 주소서
2 나의 죄악을 말갛게 씻으시며 나의 죄를 깨끗이 제하소서
3 무릇 나는 내 죄과를 아오니 내 죄가 항상 내 앞에 있나이다
4 내가 주께만 범죄하여 주의 목전에 악을 행하였사오니 주께서 말씀하실 때에 의로우시다 하고 주께서 심판하실 때에 순전하시다 하리이다
5 내가 죄악 중에서 출생하였음이여 어머니가 죄 중에서 나를 잉태하였나이다
6 보소서 주께서는 중심이 진실함을 원하시오니 내게 지혜를 은밀히 가르치시리이다
7 우슬초로 나를 정결하게 하소서 내가 정하리이다 나의 죄를 씻어 주소서 내가 눈보다 희리이다
8 내게 즐겁고 기쁜 소리를 들려 주시사 주께서 꺾으신 뼈들도 즐거워하게 하소서
9 주의 얼굴을 내 죄에서 돌이키시고 내 모든 죄악을 지워 주소서
10 하나님이여 내 속에 정한 마음을 창조하시고 내 안에 정직한 영을 새롭게 하소서
11 나를 주 앞에서 쫓아내지 마시며 주의 성령을 내게서 거두지 마소서
12 주의 구원의 즐거움을 내게 회복시켜 주시고 자원하는 심령을 주사 나를 붙드소서
13 그리하면 내가 범죄자에게 주의 도를 가르치리니 죄인들이 주께 돌아오리이다
14 하나님이여 나의 구원의 하나님이여 피 흘린 죄에서 나를 건지소서 내 혀가 주의 의를 높이 노래하리이다
15 주여 내 입술을 열어 주소서 내 입이 주를 찬송하여 전파하리이다
16 주께서는 제사를 기뻐하지 아니하시나니 그렇지 아니하면 내가 드렸을 것이라 주는 번제를 기뻐하지 아니하시나이다
17 하나님께서 구하시는 제사는 상한 심령이라 하나님이여 상하고 통회하는 마음을 주께서 멸시하지 아니하시리이다

오늘의 기도 저의 모든 죄를 용서하시고, 정한 마음과 정직한 영을 새롭게 허락하여 주소서.

사순절 제8일

하나님을 경외하도록

본문 : 사무엘상 2장 27~30절 | 찬송 : 338장 내 주를 가까이하게함은

　엘리의 두 아들, 홉니와 비느하스는 제사장의 직분을 남용하고 성전에서 부정한 행동을 저지르며 하나님의 말씀을 멸시했습니다. 엘리는 자녀의 죄를 꾸짖었지만, 부모로서의 책임을 다하지 못하고 결단있게 가르치지 못했습니다. 하나님께서는 엘리에게 경고하시며 그의 자손이 제사장의 직분에서 영원히 제거될 것이라고 하셨습니다. 그리고는 "나를 존중히 여기는 자를 내가 존중히 여기고 나를 멸시하는 자를 내가 경멸하리라." 하시며 하나님의 공의와 거룩함을 보여주셨습니다.

　자녀양육은 단순한 육적인 돌봄이 아니라, 영적으로 방향성을 제시하는 일입니다. 내 자녀, 우리의 다음세대에게 하나님을 경외하도록 가르치고 있습니까? 사랑이란 이름으로 그들의 잘못에 살짝 눈 감고 있지는 않습니까?

　자녀를 사랑이라는 이름으로 우상 삼고 있지는 않은지 돌아보며, 나의 삶을 통해 우리 자녀와 다음세대가 하나님을 경외하고 하나님만을 본받을 수 있도록 가르치고 기도하는 삶이 되기를 바랍니다.

2025. 3. 13 (목)

사무엘상 2장 27~30절

27 하나님의 사람이 엘리에게 와서 그에게 이르되 여호와의 말씀에 너희 조상의 집이 애굽에서 바로의 집에 속하였을 때에 내가 그들에게 나타나지 아니하였느냐

28 이스라엘 모든 지파 중에서 내가 그를 택하여 내 제사장으로 삼아 그가 내 제단에 올라 분향하며 내 앞에서 에봇을 입게 하지 아니하였느냐 이스라엘 자손이 드리는 모든 화제를 내가 네 조상의 집에 주지 아니하였느냐

29 너희는 어찌하여 내가 내 처소에서 명령한 내 제물과 예물을 밟으며 네 아들들을 나보다 더 중히 여겨 내 백성 이스라엘이 드리는 가장 좋은 것으로 너희들을 살지게 하느냐

30 그러므로 이스라엘의 하나님 나 여호와가 말하노라 내가 전에 네 집과 네 조상의 집이 내 앞에 영원히 행하리라 하였으나 이제 나 여호와가 말하노니 결단코 그렇게 하지 아니하리라 나를 존중히 여기는 자를 내가 존중히 여기고 나를 멸시하는 자를 내가 경멸하리라

오늘의 기도 자녀와 다음세대가 주님을 경외하도록 그들에게 말씀과 사랑의 본으로 권면하는 나의 삶이 되게 하소서.

사순절 제9일

탐욕과 이기심을 내려놓고

본문: 열왕기상 21장 1~10절 | 찬송: 196장 성령의 은사를

　아합 왕이 나봇의 포도원을 차지하기 위해 그의 아내 이세벨과 공모해 죄악을 저질렀습니다. 아합 왕의 청에도 나봇은 조상의 유산인 포도원을 하나님께서 주신 기업으로 간주하며 매매를 거부했습니다. 하지만 아합 왕은 자신의 욕망을 충족시키기 위해 포기하지 않았고, 이세벨은 거짓 증인을 세워 나봇을 억울하게 죽이고 그의 포도원을 빼앗았습니다. 아합과 이세벨의 죄는 단순히 한 사람의 생명을 빼앗은 것이 아니라 하나님의 공의와 거룩함을 정면으로 거스르는 행위였습니다. 하나님께서는 이러한 죄악을 간과하지 않으셨습니다.

　우리는 종종 세상의 욕망에 사로잡혀 하나님과 사람 앞에서 정직함을 잃을 때가 있습니다. 하지만 하나님의 말씀은 우리를 정직과 공의의 길로 인도합니다. 말씀에 따라 자신의 욕심과 불의를 정직하게 주님 앞에 내어놓고, 하나님의 정의와 사랑을 따르기로 결단하는 일이 필요합니다.

　오늘, 하나님이 주신 것에 감사하며, 내 삶에서 내려놓아야 할 욕심과 이기심이 무엇인지 돌아봅시다. 하나님이 기뻐하시는 정직과 사랑의 길을 용기있게 선택하고, 주변 사람들에게 정직하게 행하는 하루로 살아갑시다.

열왕기상 21장 1~10절

1 그 후에 이 일이 있으니라 이스르엘 사람 나봇에게 이스르엘에 포도원이 있어 사마리아의 왕 아합의 왕궁에서 가깝더니
2 아합이 나봇에게 말하여 이르되 네 포도원이 내 왕궁 곁에 가까이 있으니 내게 주어 채소 밭을 삼게 하라 내가 그 대신에 그보다 더 아름다운 포도원을 네게 줄 것이요 만일 네가 좋게 여기면 그 값을 돈으로 네게 주리라
3 나봇이 아합에게 말하되 내 조상의 유산을 왕에게 주기를 여호와께서 금하실지로다 하니
4 이스르엘 사람 나봇이 아합에게 대답하여 이르기를 내 조상의 유산을 왕께 줄 수 없다 하므로 아합이 근심하고 답답하여 왕궁으로 돌아와 침상에 누워 얼굴을 돌리고 식사를 아니하니
5 그의 아내 이세벨이 그에게 나아와 이르되 왕의 마음에 무엇을 근심하여 식사를 아니하나이까
6 왕이 그에게 이르되 내가 이스르엘 사람 나봇에게 말하여 이르기를 네 포도원을 내게 주되 돈으로 바꾸거나 만일 네가 좋아하면 내가 그 대신에 포도원을 네게 주리라 한즉 그가 대답하기를 내가 내 포도원을 네게 주지 아니하겠노라 하기 때문이로다
7 그의 아내 이세벨이 그에게 이르되 왕이 지금 이스라엘 나라를 다스리시나이까 일어나 식사를 하시고 마음을 즐겁게 하소서 내가 이스르엘 사람 나봇의 포도원을 왕께 드리리이다 하고
8 아합의 이름으로 편지들을 쓰고 그 인을 치고 봉하여 그의 성읍에서 나봇과 함께 사는 장로와 귀족들에게 보내니
9 그 편지 사연에 이르기를 금식을 선포하고 나봇을 백성 가운데에 높이 앉힌 후에
10 불량자 두 사람을 그의 앞에 마주 앉히고 그에게 대하여 증거하기를 네가 하나님과 왕을 저주하였다 하게 하고 곧 그를 끌고 나가서 돌로 쳐죽이라 하였더라

오늘의 기도 탐욕과 이기심을 내려놓고, 정의와 사랑을 따르는 삶으로 하나님의 뜻을 이루게 하소서.

사순절 제10일

미련으로 뒤를 돌아보면

본문: 창세기 19장 23~29절 ㅣ 찬송: 449장 예수 따라가며

하나님의 심판이 소돔과 고모라에 임했습니다. 유황과 불이 비같이 퍼부을 때, 롯과 그의 가족은 하나님의 은혜로 성을 빠져나갑니다. 하지만 롯의 아내는 뒤를 돌아보았고 그만 소금 기둥이 되고 말았습니다. 그녀의 마음은 여전히 소돔에 묶여 있었습니다. 소돔에 대한 미련과 집착, 그리고 하나님의 명령을 가벼이 여기는 불순종의 댓가는 너무나 컸습니다. 롯의 아내는 소돔의 타락한 삶을 완전히 떠나지 못했고, 하나님의 심판을 피할 수 없었습니다.

롯의 아내는 타락한 소돔에 대한 미련으로 소나기같이 퍼붓는 유황과 불 가운데 난 은혜의 길을 볼 수 없었습니다. 우리도 과거의 죄와 실패, 세상의 유혹에 집착하면 하나님께서 예비하신 새 길을 볼 수 없습니다. 미련을 두고 뒤를 돌아보면 하나님의 은혜가 임할 때 구원받을 수 없습니다.

나의 삶에서 내려놓지 못한 과거의 짐이 무엇인지 돌아봅시다. 하나님께 그 짐을 맡기고, 하나님의 은혜 안에서 새롭게 나아가기로 결단합시다. 믿음으로 하나님께서 인도하시는 길을 따라 한 걸음씩 걸어갑시다.

2025. 3. 15 (토)

창세기 19장 23~29절

23 롯이 소알에 들어갈 때에 해가 돋았더라
24 여호와께서 하늘 곧 여호와께로부터 유황과 불을 소돔과 고모라에 비같이 내리사
25 그 성들과 온 들과 성에 거주하는 모든 백성과 땅에 난 것을 다 엎어 멸하셨더라
26 롯의 아내는 뒤를 돌아보았으므로 소금 기둥이 되었더라
27 아브라함이 그 아침에 일찍이 일어나 여호와 앞에 서 있던 곳에 이르러
28 소돔과 고모라와 그 온 지역을 향하여 눈을 들어 연기가 옹기 가마의 연기 같이 치솟음을 보았더라
29 하나님이 그 지역의 성을 멸하실 때 곧 롯이 거주하는 성을 엎으실 때에 하나님이 아브라함을 생각하사 롯을 그 엎으시는 중에서 내보내셨더라

오늘의 기도 과거의 집착과 미련을 내려놓고, 하나님이 예비하신 새로운 믿음의 길을 따라가게 하소서.

사순절 제11일

예수, 복음, 기쁨

본문 : 누가복음 4장 18~19절 | 찬송 : 495장 익은 곡식 거둘 자가

　다산 정약용은 행복을 두 가지로 정의했습니다. 첫째는 뜨거울 열(熱), 열복입니다. 가슴을 뜨겁게 해 주는 화끈한 행복입니다. 둘째는 맑을 청(淸), 청복입니다. 비록 사소하지만, 청아한 삶의 일상이 곧 진정한 행복이라고 하는 겁니다. 단 그 사소한 것에서 의미를 찾는 겁니다. 우리 그리스도인에게는 그보다 더한 행복이 있습니다. 그것은 복음의 능력을 경험하는 것입니다. 그리고 기쁨으로 하나님의 복음을 전하는 것입니다.

　이스라엘 백성들은 오랜 세월 메시야를 간절히 기다렸습니다. 메시야가 오시면 새로운 세상이 열린다고 믿었기 때문입니다. 그분이 오시면 그동안 받았던 압박과 설움에서 벗어나고 안전하게 보호받을 수 있으며 잘 살 수 있을 것이라 믿었습니다. 그리고 그토록 기다리던 메시야가 오셨습니다. 예수님이 바로 그들이 기다리던 메시야입니다. 예수님이 오심으로 병자들이 치유를 받고 귀신 들린 자들이 고침을 받았습니다. 예수님은 십자가에서 원수 마귀의 권세를 멸하셨습니다. 예수님이 부활하심으로 죄와 사망이 더는 우리를 주관할 수 없게 되었습니다.

　그 예수님이 삶 속에 오셨습니까? 나의 삶 속에 메시야로 인한 자유와 해방과 기쁨이 임했습니까? 이 기쁨 가운데 사는 우리의 사명은 또 다른 누군가도 복음으로 인한 기쁨을 누리도록 예수 그리스도를 전하는 것입니다.

2025. 3. 17 (월)

누가복음 4장 18~19절

18 주의 성령이 내게 임하셨으니 이는 가난한 자에게 복음을 전하게 하시려고 내게 기름을 부으시고 나를 보내사 포로 된 자에게 자유를, 눈 먼 자에게 다시 보게 함을 전파하며 눌린 자를 자유롭게 하고
19 주의 은혜의 해를 전파하게 하려 하심이라 하였더라

오늘의 기도 그리스도를 영접하고 복음의 능력을 맛본 우리가 복음 전파의 사명을 온전히 감당하게 하소서!

사순절 제12일

예수, 부르심, 기적

본문: 누가복음 5장 1~11절 | 찬송: 521장 구원으로 인도하는

    어거스틴은 하나님 안에 거하기 전까지 자신의 영혼이 안식하지 못했다고 했습니다. 어거스틴이 참된 안식을 경험하기 전, 그가 경험했던 하나님은 두려움을 직면케 하는 하나님이었습니다. 죄에 갇혀 하나님 앞에 섰을 때 절망과 위기밖에 느낄 수가 없었기 때문입니다. 그러나 하나님을 만난 사람은 정직하게 자신을 인식하고 오직 하나님의 은혜를 의지하여 그분께로 나아가게 됩니다.

    예수님은 제자들을 선택하러 당시 변방으로 여겨지는 갈릴리로 가셨습니다. 상식적으로 보면 갈릴리가 아닌 모든 교육과 문화의 중심도시인 예루살렘으로 가야합니다. 예루살렘에서 지성과 인성 그리고 리더십을 갖춘 비범한 인물들을 제자로 뽑기 마련이었지요. 그런데 예수님은 갈릴리로 가셨습니다. 그곳엔 실패한 자들과 가난한 자들이 즐비했습니다. 예수님은 바로 그곳에서 베드로 일행을 골라 제자로 삼으셨습니다. 왜 예수님은 그들을 제자로 삼으셨을까요? 그들은 자랑할 것이 없어 겸손했습니다. 하루하루 먹고 살아야하기에 자신이 하는 일에 집중했습니다. 그런 그들이 예수님의 말씀에 따라 그물을 던졌고 기적을 경험했습니다. 예수님은 그들이 또 다른 기적의 주인공이 될 것을 보셨고 제자로 부르셨습니다.

    예수님께 부르심을 받은 제자들은 복된 사람들입니다. 예수님은 우리를 향해서도 제자로 부르시며, 그런 기적을 기대하고 계십니다.

2025. 3. 18 (화)

누가복음 5장 1~11절

1 무리가 몰려와서 하나님의 말씀을 들을새 예수는 게네사렛 호숫가에 서서
2 호숫가에 배 두 척이 있는 것을 보시니 어부들은 배에서 나와서 그물을 씻는지라
3 예수께서 한 배에 오르시니 그 배는 시몬의 배라 육지에서 조금 떼기를 청하시고 앉으사 배에서 무리를 가르치시더니
4 말씀을 마치시고 시몬에게 이르시되 깊은 데로 가서 그물을 내려 고기를 잡으라
5 시몬이 대답하여 이르되 선생님 우리들이 밤이 새도록 수고하였으되 잡은 것이 없지마는 말씀에 의지하여 내가 그물을 내리리이다 하고
6 그렇게 하니 고기를 잡은 것이 심히 많아 그물이 찢어지는지라
7 이에 다른 배에 있는 동무들에게 손짓하여 와서 도와 달라 하니 그들이 와서 두 배에 채우매 잠기게 되었더라
8 시몬 베드로가 이를 보고 예수의 무릎 아래에 엎드려 이르되 주여 나를 떠나소서 나는 죄인이로소이다 하니
9 이는 자기 및 자기와 함께 있는 모든 사람이 고기 잡힌 것으로 말미암아 놀라고
10 세베대의 아들로서 시몬의 동업자인 야고보와 요한도 놀랐음이라 예수께서 시몬에게 이르시되 무서워하지 말라 이제 후로는 네가 사람을 취하리라 하시니
11 그들이 배들을 육지에 대고 모든 것을 버려 두고 예수를 따르니라

오늘의 기도 예수님의 제자로 불러주셨으니, 부르심에 합당한 제자로서의 사명을 온전히 감당하게 하소서!

사순절 제13일

예수, 치유, 회복

본문: 마태복음 4장 23~25절 | 찬송: 471장 주여 나의 병든 몸을

　보통 성공한 사람들을 보면 넘어지지 않는 것이 아니라, 넘어졌을 때 다시 일어날 줄 아는 '회복탄력성'을 가진 사람이 많습니다. 성경의 위인들에게서도 일곱 번 넘어지면 주님과 함께 일곱 번 다시 일어나는 '회복탄력성'을 가진 것을 볼 수 있습니다.

　예수님은 천국복음을 전파하시면서 많은 병자를 고치셨습니다. 예수님께서 가르치시고 선포하신 복음은 이제까지 이스라엘 백성들을 옥죄이고 있었던 율법이 아니라 이들을 자유롭게 하는 사랑과 자유의 복음이었습니다. 예수님은 "건강한 자에게는 의사가 쓸데없고 병든 자에게라야 쓸데 있느니라"라고 하셨습니다(마 9:12). 그러면서 소외되고 슬프고 병들고 위로받을 자임을 자인하는 자들과 본인이 죄인임을 고백하는 자들에게 사랑과 자비로 다가가셨습니다. 예수님의 사랑이 필요 없고 예수님의 자비가 필요 없는 교만한 인생들에게 가 아니라, 예수님만이 유일한 소망이요, 유일한 길이며, 오직 예수님만이 자신들의 삶에 은혜와 은총일 수밖에 없는 가엾은 인생들을 위하여 복음을 전하시고 치유의 은총을 베풀어 주셨습니다. 이들과 함께 하시며 넘어진 인생에서 다시 일어나도록 회복시키셨습니다. 예수님은 치유자로 오셨습니다.

　지금 흙바닥에 무릎을 대고 주저앉아 있습니까? 성경의 그 누군가처럼 다시 일어날 힘이 절실합니까? 치유하시는 예수님 앞에 나아가 사랑과 자비로 회복케 하시길, 다시 또 일어날 힘을 부어주시길 간구하십시오.

2025. 3. 19 (수)

마태복음 4장 23~25절

23 예수께서 온 갈릴리에 두루 다니사 그들의 회당에서 가르치시며 천국 복음을 전파하시며 백성 중의 모든 병과 모든 약한 것을 고치시니
24 그의 소문이 온 수리아에 퍼진지라 사람들이 모든 앓는 자 곧 각종 병에 걸려서 고통 당하는 자, 귀신 들린 자, 간질하는 자, 중풍병자들을 데려오니 그들을 고치시더라
25 갈릴리와 데가볼리와 예루살렘과 유대와 요단 강 건너편에서 수많은 무리가 따르니라

오늘의 기도 치유자 되신 예수님을 통해 회복의 은총을 베풀어 주시옵소서!

사순절 제14일

예수, 구원, 용서

본문: 마가복음 2장 13~17절 | 찬송: 295장 큰 죄에 빠진 나를

어둠만 아는 사람은 어둠을 모르고 빛도 모르는 사람입니다. 빛을 아는 사람만이 빛과 어둠을 가려낼 수 있습니다. 예수님은 빛을 창조하신 분이십니다. 그래서 빛도 알고, 어둠도 아십니다. 간음하다 붙잡혀 온 여인은 군중들 앞에서 절망했지만, 참빛 되신 예수님은 그 여인 안에 있는 어두움을 드러내셨습니다. 참빛 안에서 자신의 어둠을 본 사람은 자신에게 비추는 빛을 발견합니다.

예수님께서 세리와 죄인들과 함께 식사하시는 것을 보고, 바리새인과 서기관들이 비난했습니다. 자신들이 세리나 죄인들보다 더 의롭다고 생각했기 때문입니다. 바리새인과 서기관들은 율법을 연구하고 가르쳤지만, 율법의 대강령인 '마음을 다하고 힘을 다하여 하나님을 사랑하고, 이웃을 네 몸과 같이 사랑하라'는 명령을 자기 삶으로 살아가진 못했습니다. 자신들의 지식만을 의지한 채 머리로만 믿으며 자신의 허물과 단점에 관해서는 관대했기에, 말씀이 조명하시는 것을 겸손히 받아들이지 못했습니다. 그러나 말씀의 조명 아래 죄인임을 자인하고 자기 연약함과 무지함 그리고 한계를 아는 사람들은 예수님의 구원과 용서를 경험할 수 있습니다. 예수님과 함께 한 식탁에 앉았던 세리와 죄인들은 예수님의 구원과 용서를 누렸습니다.

오늘도 참빛 되신 예수님이 말씀으로 우리를 조명하십니다. 말씀이 조명하실 때 우리 안의 어두움이 드러나도록 겸손하게 받아들이면, 구원과 용서 안에 있게 됩니다. 그러니 날마다 겸손히 주님 앞에 나아가기를 힘써야 하겠습니다.

2025. 3. 20 (목)

마가복음 2장 13~17절

13 예수께서 다시 바닷가에 나가시매 큰 무리가 나왔거늘 예수께서 그들을 가르치시니라
14 또 지나가시다가 알패오의 아들 레위가 세관에 앉아 있는 것을 보시고 그에게 이르시되 나를 따르라 하시니 일어나 따르니라
15 그의 집에 앉아 잡수실 때에 많은 세리와 죄인들이 예수와 그의 제자들과 함께 앉았으니 이는 그러한 사람들이 많이 있어서 예수를 따름이러라
16 바리새인의 서기관들이 예수께서 죄인 및 세리들과 함께 잡수시는 것을 보고 그의 제자들에게 이르되 어찌하여 세리 및 죄인들과 함께 먹는가
17 예수께서 들으시고 그들에게 이르시되 건강한 자에게는 의사가 쓸 데 없고 병든 자에게라야 쓸 데 있느니라 나는 의인을 부르러 온 것이 아니요 죄인을 부르러 왔노라 하시니라

오늘의 기도 나의 연약함과 한계를 알고, 구원과 용서를 주시는 십자가 앞으로 겸손히 나아가게 하소서!

사순절 제15일

예수, 길과 진리, 생명

본문: 요한복음 14장 6~7절 | 찬송: 95장 나의 기쁨 나의 소망되시며

그리스도인의 신앙은 능동태보다는 수동태에 가깝습니다. 우리에게 먼저 손을 내미시는 하나님의 은혜에 대한 응답이 신앙의 본질이기 때문입니다. 참된 신앙은 내 믿음이 아닌 그리스도에 대한 믿음과 행동으로부터 출발합니다. 하나님이 주신 선물에 올바르게 응답할 때 하나님은 기뻐하십니다.

우리는 과연 어디서 왔으며 어디로 가고 있습니까? 성경은 이 질문에 관한 답이 예수님께 있음을 알려줍니다. "내가 곧 길이요 진리요 생명이니 나로 말미암지 않고는 아버지께로 올 자가 없느니라(요 14:6)." 예수님을 믿는다는 것은 예수님이 길이라는 것을 믿는 것입니다. 길을 가다 보면 간혹 길을 잃을 수도 있지만, 그럴 때는 길을 물어야 합니다. "나는 길 잃은 나그네였네. 죄 중에 헤매이는데 사랑의 왕 내 목자 예수 나를 집으로 인도하네. 진실로 선함과 그 인자하심이 날마다 함께 하시리라."라는 찬양 가사처럼 우리 예수님은 모든 인생의 바른 길입니다. 또한 예수님이 진리라는 것을 믿는 것입니다. 진리인 예수님을 만나야 삶의 모든 거짓과 허상을 버릴 수 있습니다. 우리는 예수님과의 관계 속에 살아갈 때, 영원한 생명으로 인한 풍성한 삶을 얻게 됩니다.

인생의 어려운 문제 가운데 있는 나에게 예수님은 길이요 진리요 생명이 되어주심으로 해답을 주십니다. 이제 내가 응답할 차례입니다.

2025. 3. 21 (금)

요한복음 14장 6~7절

6 예수께서 이르시되 내가 곧 길이요 진리요 생명이니 나로 말미암지 않고는 아버지께로 올 자가 없느니라

7 너희가 나를 알았더라면 내 아버지도 알았으리로다 이제부터는 너희가 그를 알았고 또 보았느니라

오늘의 기도 길이요 진리요 생명이신 주님과의 관계 속에서 풍성한 삶을 살게 하소서!

사순절 제16일

예수, 성령, 능력

본문: 요한복음 20장 22절, 사도행전 1장 8절 | 찬송: 189장 진실하신 주 성령

예수님께서 부활하신 후 제자들을 찾으셨습니다. 손과 옆구리를 보이시며 자신이 십자가에 달리시고 부활하신 예수임을 나타내셨습니다. 무서워 숨어 있던 제자들에게 평강을 선포하시고 세상을 향해 파송하실 때, 숨을 불어넣으시며 성령을 받으라 하셨습니다. 그뿐만 아니라 승천하시면서도 마지막까지 제자들에게 성령을 기다리라고 당부하셨습니다. 성령 받은 제자들은 성령의 권능을 부여받아 '증인'의 삶을 살라 하신 명령대로 사역할 수 있었습니다.

우리가 하나님의 자녀 된 것은 주의 은혜입니다. 그리고 성령님의 사역 결과입니다. 성령이 아니고서는 누구든지 예수를 주시라 할 수 없기 때문입니다(고전 12:3). 이미 우리는 성령을 받았기에 예수님을 나의 구원자로 믿고, 의지하고, 말씀 앞에 순종하는 삶을 사는 것입니다. 신앙생활에서 성령 하나님을 인격적으로 만나는 것은 정말 중요합니다. 이 일 없이는 바른 신앙의 길을 걸어갈 수 없습니다. 성령의 능력이 임하지 않는 교회와 성도의 삶은 마치 빈 수레와 같이 요란할 뿐입니다.

성령을 보내주시고 그 권능으로 증인의 삶을 살게 하신 예수님께 순종하며 살아야 합니다. 우리는 영혼 구원을 위해 성령의 권능을 힘입어 증인의 삶을 살기를 힘써야 합니다. "힘으로도 되지 아니하며 능력으로도 되지 아니하고 오직 나의 영으로 되느니라(슥 4:6)"

2025. 3. 22 (토)

요한복음 20장 22절

22 이 말씀을 하시고 그들을 향하사 숨을 내쉬며 이르시되 성령을 받으라

사도행전 1장 8절

8 오직 성령이 너희에게 임하시면 너희가 권능을 받고 예루살렘과 온 유대와 사마리아와 땅 끝까지 이르러 내 증인이 되리라 하시니라

오늘의 기도   성령의 능력을 힘입어 복음의 증인으로 사는 삶을 살게 하소서!

사순절 제17일

하나님을 사랑하라 진심으로

본문: 마태복음 23장 37~38절 | 찬송: 304장 그 크신 하나님의 사랑

칼 헨리가 이런 말을 했습니다. "인류 역사의 마지막 장은 확실히 하나님의 결정에 달려 있다. 심지어 지금도 하나님께서는 곳곳에서 은혜를 베풀고 심판하고 계신다. 역사상 오늘날처럼 종말이 거론된 적은 없었다. 하나님의 심판을 무시하는 자가 되지 말라." 윌리엄 셰익스피어는 "하늘은 모든 것 위에 있다. 그곳에 심판자가 계신다. 그 심판자를 이길 수 있는 왕은 하나도 없다."라고 말했습니다.

오늘 말씀에서 우리는 예수님의 탄식을 만납니다. 탄식은 마음속 깊은 고통의 표현입니다. 예루살렘은 평화의 도시이며 거룩한 도시입니다. 하나님께서 자기 이름을 두려고 선택하신 곳입니다. 하나님과 인간이 만나는 곳이며 하나님과 인간 사이에 평화가 이루어지는 곳입니다. 그런데 그 예루살렘이 선지자를 죽이고 하나님으로부터 파송된 자들을 돌로 치는 곳이 되었습니다. 예루살렘이 선지자들의 무덤이 된 것입니다. 그래서 예수님께서 떨리는 목소리로 예루살렘을 부르신 것입니다. 사실 하나님께서는 마치 암탉이 그 새끼를 날개 아래 모음 같이 자기 백성을 모으시고 구원하려 하십니다. 예루살렘은 진심으로 예수님을 그리스도, 하나님의 이름으로 오신 분으로 고백해야만 천국의 새 백성이 될 수 있습니다.

우리의 삶은 선지자들의 무덤이 된 예루살렘입니까? 아니면 하나님께서 택하신 거룩한 예루살렘입니까? 우리가 하나님께서 선택하신 예루살렘으로 살아가려면 하나님의 말씀을 경청하고 그 말씀대로 순종하며 살아야 합니다. 하나님을 사랑하며 매일 하나님이 우리의 주인이 되시도록 나의 삶을 주님께 드리기를 힘써야 합니다.

2025. 3. 24 (월)

마태복음 23장 37~38절

37 예루살렘아 예루살렘아 선지자들을 죽이고 네게 파송된 자들을 돌로 치는 자여 암탉이 그 새끼를 날개 아래에 모음 같이 내가 네 자녀를 모으려 한 일이 몇 번이더냐 그러나 너희가 원하지 아니하였도다
38 보라 너희 집이 황폐하여 버려진 바 되리라

오늘의 기도 우리를 위해 탄식하는 소리를 듣게 하시고 하나님을 더욱 사랑하며 살게 하소서!

사순절 제18일

서로 사랑하라 내가 너희를 사랑한 것 같이

본문: 요한복음 13장 34~35절 | 찬송: 218장 네 맘과 정성을 다하여서

에멧 폭스가 말합니다. "충분한 사랑이 정복할 수 없는 어려움은 없습니다. 충분한 사랑이 치유할 수 없는 병은 없습니다. 충분한 사랑이 열 수 없는 문은 없습니다. 충분한 사랑이 건널 수 없는 강은 없습니다. 충분한 사랑이 무너뜨릴 수 없는 장벽은 없습니다. 충분한 사랑이 용서할 수 없는 잘못은 없습니다. 충분한 사랑이 녹일 수 없는 근심은 없습니다. 충분한 사랑이 풀 수 없는 매듭은 없습니다."

예수님께서 제자들과 성만찬을 들고 계시던 중 가룟 시몬의 아들 유다가 자리를 박차고 일어나 나갑니다. 잠시 후 대제사장의 군사들이 유다와 함께 예수님을 잡으러 올 것입니다. 예수님은 십자가의 죽음이 다가오고 있음을 아셨습니다. 예수님은 제자들에게 "인자가 영광을 받았고 하나님도 인자로 말미암아 영광을 받으셨도다(요 13:31)."라고 말씀하셨습니다. 예수님과 제자들 사이에 잠시 비장한 침묵이 흐릅니다. 걱정스럽게 바라보는 제자들을 향해 주님이 말씀하십니다. "새 계명을 너희에게 주노니 서로 사랑하라 내가 너희를 사랑한 것 같이 너희도 서로 사랑하라." 위기에 부딪힌 제자공동체를 잘 지키는 것은 다름 아닌 '서로 사랑'하는 것입니다. 하나님의 나라 공동체를 세우는 능력이 바로 '서로 사랑'하는 것입니다. 이것이 새 계명입니다.

가족공동체도 교회공동체도 고난의 위기를 넘어설 힘은 서로가 사랑하는 것입니다. 지금 우리에게 필요한 것은 그 무엇보다도 서로 사랑하는 것이 아니겠습니까?

2025. 3. 25 (화)

요한복음 13장 34~35절

34 새 계명을 너희에게 주노니 서로 사랑하라 내가 너희를 사랑한 것 같이 너희도 서로 사랑하라
35 너희가 서로 사랑하면 이로써 모든 사람이 너희가 내 제자인 줄 알리라

오늘의 기도 믿음의 공동체를 든든하게 세워갈 수 있도록 서로 사랑하게 하소서!

사순절 제19일

복음을 전하라 나와 함께

본문: 마태복음 28장 19~20절 | 찬송: 499장 흑암에 사는 백성들을 보라

"오! 주여, 지금은 아무것도 보이지 않습니다. 보이는 것은 고집스럽게 얼룩진 어둠뿐입니다. 어둠과 가난과 인습에 묶여 있는 조선 사람뿐입니다. 조선의 마음이 보이지 않습니다. 그리고 저희가 해야 할 일이 보이지 않습니다. 그러나 순종하겠습니다. 겸손하게 순종할 때 주께서 일을 시작하시고 그 하시는 일을 우리들의 영적인 눈이 다시 볼 수 있는 날이 있을 줄 믿나이다. 지금은 예배드릴 예배당도 없고 학교도 없고, 저 경계와 의심과 멸시와 천대함이 가득한 곳이지만, 이곳이 머지않아 은총의 땅이 되리라는 것을 믿습니다." 정연희의 소설 『양화진』의 우리나라 초기 선교사의 기도문입니다.

예수님께서 제자들에게 모든 민족으로 제자를 삼으라고 명령하셨습니다. 동시에 "내가 세상 끝날까지 너희와 항상 함께 있으리라."고 약속하셨습니다. 이 약속은 우리에게도 주신 약속입니다. 예수님이 함께하시면 전도할 수 있습니다. 예수님이 함께하시면 사랑할 수 있습니다. 예수님이 함께하시면 봉사할 수 있습니다. 예수님이 함께하시면 도무지 변할 것 같지 않은 사람들의 마음이 변합니다. 복음은 능력입니다. 복음은 한 영혼을 구원하는 데 가장 중요한 무기입니다. 복음을 부끄러워해서는 안 됩니다. 우리는 고난을 받으면서도 복음을 전해야 합니다.

사순절을 보내면서 나를 위해 고난당하시고 십자가에 달리신 예수 그리스도를 담대하게 전할 수 있어야 하겠습니다. 예수님이 함께 하십니다.

2025. 3. 26 (수)

마태복음 28장 19~20절

19 그러므로 너희는 가서 모든 민족을 제자로 삼아 아버지와 아들과 성령의 이름으로 세례를 베풀고
20 내가 너희에게 분부한 모든 것을 가르쳐 지키게 하라 볼지어다 내가 세상 끝날까지 너희와 항상 함께 있으리라 하시니라

오늘의 기도 복음을 부끄러워하지 않고 복음과 함께 고난받기를 즐기는 성도가 되게 하소서!

사순절 제20일

기도하라 낙심하지 말고

본문: 누가복음 18장 1~8절 ㅣ 찬송: 361장 기도하는 이 시간

어떤 이의 글에 실린 내용입니다. "기도는 하나님과의 전화 통화라 할 수 있다. 그런데 하나님과의 전화 통화는 이런 장점이 있다. 첫째, 전화번호를 외울 필요가 없다. 둘째, 값비싼 스마트 폰으로 교체할 필요가 전혀 없다. 셋째, 완벽한 이동통신이므로 어디서나 통화 가능하다. 넷째, 통화 중일 때가 없어 항상 연결이 가능하다. 다섯째, 부재중이라서 안 받는 경우가 전혀 없다. 여섯째, 교환이 없는 직통이다. 일곱째, 아무리 오래 통화해도 사용료는 없다. 오히려 통화를 많이 할수록 응답의 선물이 더 많다."

한 도시에 불의한 재판장이 있었습니다. 그에게 한 과부가 끈질기게 가서 원한을 풀어 달라고 했습니다. 그 재판장은 과부의 청원을 무시했지만 그대로 있으면 자신을 계속 귀찮게 할 것 같아서 결국 과부의 청을 들어주었습니다. 이 비유가 주어진 이유가 있습니다. 항상 기도하고 낙망치 말아야 한다는 교훈을 주기 위함입니다. 불의한 재판장도 소원을 들어주는데, 하물며 우리 하나님은 어떠하실까요? 그러니 기도하되 포기하지 말라는 겁니다. 기도는 응답이 될 때까지 해야 합니다. 응답이 더디더라도 절대로 포기하지 말아야 합니다. 하나님이 응답을 늦추시는 것은 그만한 이유가 있기 때문입니다. 그 이유가 채워지면 하나님 응답하십니다. 모든 지각에 뛰어난 하나님의 평강이 그리스도 예수 안에서 나의 마음과 생각을 지키실 것입니다(빌 4:7).

나의 기도생활은 어떠합니까? 혹시 기도를 쉬고 계십니까? 다시 기도의 자리로 나갑시다. 한두 번 아뢰고 포기했던 기도입니까? 오늘 과부처럼 응답이 될 때까지 끈질기게 겸손히 무릎 꿇고 기도합시다.

2025. 3. 27 (목)

누가복음 18장 1~8절

1 예수께서 그들에게 항상 기도하고 낙심하지 말아야 할 것을 비유로 말씀하여
2 이르시되 어떤 도시에 하나님을 두려워하지 않고 사람을 무시하는 한 재판장이 있는데
3 그 도시에 한 과부가 있어 자주 그에게 가서 내 원수에 대한 나의 원한을 풀어 주소서 하되
4 그가 얼마 동안 듣지 아니하다가 후에 속으로 생각하되 내가 하나님을 두려워하지 않고 사람을 무시하나
5 이 과부가 나를 번거롭게 하니 내가 그 원한을 풀어 주리라 그렇지 않으면 늘 와서 나를 괴롭게 하리라 하였느니라
6 주께서 또 이르시되 불의한 재판장이 말한 것을 들으라
7 하물며 하나님께서 그 밤낮 부르짖는 택하신 자들의 원한을 풀어 주지 아니하시겠느냐 그들에게 오래 참으시겠느냐
8 내가 너희에게 이르노니 속히 그 원한을 풀어 주시리라 그러나 인자가 올 때에 세상에서 믿음을 보겠느냐 하시니라

오늘의 기도 항상 기도하되 낙심치 않고 늘 기도의 자리로 나아가게 하소서.

사순절 제21일

예수님의 본을 따라 겸손과 섬김을 살라

본문: 마가복음 10장 43~45절 | 찬송: 220장 사랑하는 주님 앞에

섬김은 큰 것이 아니라 아주 작은 친절에서, 그리고 다른 사람들을 생각하는 소박한 마음에서부터 시작합니다. 그래서 섬김은 결코 거창하거나 힘든 일이 아닙니다. 주변에 대한 관심과 작은 친절이면 충분합니다. 섬김은 자선 행위가 아닙니다. 주는 행위나 동정적이고 감정적인 관계를 전제로 하지 않습니다. 종적인 관계가 아닌 수평적 횡적 관계로, 더불어 사는 파트너십입니다.

예수님은 이 땅에 섬기러 오셨습니다. 그리고 실제로 가난하고 병든 자들을 섬기셨습니다. 더 나아가 십자가에 죽으심으로 대속물이 되어 주셨습니다. 세상은 머리가 되고 으뜸이 되라고 하는데 예수님은 오히려 모든 사람의 종이 되라고 하십니다. 모든 관계의 핵심은 섬김에 있습니다. 배려와 소통은 곧 섬김입니다. 섬김을 통해서 사람과 마음을 소통할 수 있습니다. 사람의 마음에 감동을 줄 수 있습니다. 섬김의 삶을 살면 공감 능력이 자라납니다. 공동체 안에서 자리다툼을 하기 시작하면 시험에 듭니다. 그러나 서로 섬기는 종의 자세를 지니면 평화가 임합니다. 섬김은 단순히 깨달음이 아닙니다. 섬김은 구체적인 실천이며 행동입니다.

속한 공동체 안에서 나는 어디에 자리합니까? 예수님의 영광에 동참하고 주님이 원하시는 삶을 살아가기 위해, 예수님께서 친히 보여주셨던 섬김의 삶을 살아갈 수 있기를 바랍니다.

2025. 3. 28 (금)

마가복음 10장 43~45절

43 너희 중에는 그렇지 않을지니 너희 중에 누구든지 크고자 하는 자는 너희를 섬기는 자가 되고

44 너희 중에 누구든지 으뜸이 되고자 하는 자는 모든 사람의 종이 되어야 하리라

45 인자가 온 것은 섬김을 받으려 함이 아니라 도리어 섬기려 하고 자기 목숨을 많은 사람의 대속물로 주려 함이니라

오늘의 기도 예수님의 본을 따라 겸손히 낮은 자리에서 섬김의 삶을 살게 해 주소서!

사순절 제22일

깨어 있어 준비하라

본문: 마태복음 24장 36~44절 | 찬송: 176장 주 어느 때 다시 오실는지

　세계 제2차 대전 중에 독일의 아우슈비츠 강제 수용소에 수만 명의 유대인이 갇혀 있었습니다. 그곳 벽에는 수많은 글이 쓰여 있었는데 그중에 이런 글이 있었습니다. "우리는 메시야가 올 것을 믿고 있다. 단지 그 도착이 늦어질 뿐이다." 주님의 날이 온다는 것은 불변의 진리입니다. 그리고 그날을 피할 수 있는 사람은 아무도 없다는 사실 역시 진리입니다. 그러니 준비하고 있지 않으면 그날에 버림을 당하고 멸망할 것이 틀림없습니다.

　성경을 보면 예수님이 다시 오신다는 말씀이 구약에 1,845번, 신약에 318번 언급되어 있습니다. 왜 이렇게 많이 강조하고 있을까요? 그만큼 예수님의 재림이 중요하기 때문입니다. 예수님께서 언제 재림하실지는 아무도 모르지만, 분명한 것은 천국 복음이 온 세상에 전파되면 예수님이 다시 오시고 끝이 온다는 것입니다. 예수님이 재림하시면 이 세상은 심판을 받습니다. 그런데 예수님께서 도둑처럼 오십니다. 이 말은 윤리·도덕적인 말이 아니라 예측을 할 수 없다는 의미입니다. 그러니 준비하고 있으라고 합니다. 무엇을 준비해야 합니까? 그 무엇보다 중요한 것은 구원받았음을 확신하는 신앙입니다.

　언제 어디서나 주님을 만나도 천국에 갈 수 있는 신앙이 있습니까? 그러한 사람은 "주 예수여, 어서 오시옵소서!" 하며 기쁨으로 주님을 만날 수 있습니다.

2025. 3. 29 (토)

마태복음 24장 36~44절

36 그러나 그 날과 그 때는 아무도 모르나니 하늘의 천사들도, 아들도 모르고 오직 아버지만 아시느니라
37 노아의 때와 같이 인자의 임함도 그러하리라
38 홍수 전에 노아가 방주에 들어가던 날까지 사람들이 먹고 마시고 장가 들고 시집 가고 있으면서
39 홍수가 나서 그들을 다 멸하기까지 깨닫지 못하였으니 인자의 임함도 이와 같으리라
40 그 때에 두 사람이 밭에 있으매 한 사람은 데려가고 한 사람은 버려둠을 당할 것이요
41 두 여자가 맷돌질을 하고 있으매 한 사람은 데려가고 한 사람은 버려둠을 당할 것이니라
42 그러므로 깨어 있으라 어느 날에 너희 주가 임할는지 너희가 알지 못함이니라
43 너희도 아는 바니 만일 집 주인이 도둑이 어느 시각에 올 줄을 알았더라면 깨어 있어 그 집을 뚫지 못하게 하였으리라
44 이러므로 너희도 준비하고 있으라 생각하지 않은 때에 인자가 오리라

오늘의 기도 주님 다시 오시는 그날에 기쁨으로 주님을 맞이할 수 있게 해 주옵소서!

사순절 제23일

풍성한 생명을 얻은 삶

본문: 요한복음 10장 7~18절 | 찬송: 380장 나의 생명 되신 주

우리의 육체는 풀과 같습니다. 곧 시들어버립니다. 우리의 생명도 잠깐 보이다가 없어지는 안개와 같고 풀의 꽃과 같습니다. 우리의 호흡이 끊어지면, 우리의 육신은 흙으로 돌아갑니다. 그러나 우리의 영혼은 없어지지 않고 그대로 영원하게 존재합니다. 우리의 영혼은 영화로운 하나님의 나라에서 영원히 거할 수도 있고, 아니면 고통스러운 지옥에서 영원토록 존재할 수도 있습니다.

예수님이 오신 것은 "양으로 생명을 얻게 하고 더 풍성히 얻게 하려는 것"입니다. 생명이란 곧 영생을 의미합니다. "영생은 곧 유일하신 참 하나님과 그가 보내신 자 예수 그리스도를 아는 것"이라고 합니다(요 17:3). 여기서 말하는 '아는 것'이란 일반적인 지식을 말하는 것이 아니라, 체험적인 지식을 의미합니다. 그래서 영생은 믿음을 통해서 하나님과 깊은 관계를 맺고 깊은 교제를 나누는 삶을 말합니다. 이 생명 곧 영생은 오직 예수 그리스도 안에서만 얻을 수 있습니다. 주님을 떠나서는 참 생명을 아무 데서도 얻을 수가 없습니다. 예수님 밖에 있는 생명은 그냥 육체적 생명일 뿐 참 생명이 아닙니다. 참 생명은 하나님 안에만 있고 예수님 안에만 있습니다. 그런데 예수님은 그 생명을 더 풍성히 얻게 하려 하십니다. 다시 말해서 영적인 열매를 맺는 삶을 살게 하신다는 말씀입니다.

하룻밤 안개나 풀의 꽃과 같은 인생이었으나, 생명을 얻도록 해 주신 예수님의 은혜에 감사합시다. 나아가 주님과의 깊은 교제를 통해서 영적인 열매를 풍성히 맺는 삶을 살아가기를 간구합시다.

2025. 3. 31 (월)

요한복음 10장 7~18절

7 그러므로 예수께서 다시 이르시되 내가 진실로 진실로 너희에게 말하노니 나는 양의 문이라
8 나보다 먼저 온 자는 다 절도요 강도니 양들이 듣지 아니하였느니라
9 내가 문이니 누구든지 나로 말미암아 들어가면 구원을 받고 또는 들어가며 나오며 꼴을 얻으리라
10 도둑이 오는 것은 도둑질하고 죽이고 멸망시키려는 것뿐이요 내가 온 것은 양으로 생명을 얻게 하고 더 풍성히 얻게 하려는 것이라
11 나는 선한 목자라 선한 목자는 양들을 위하여 목숨을 버리거니와
12 삯꾼은 목자가 아니요 양도 제 양이 아니라 이리가 오는 것을 보면 양을 버리고 달아나나니 이리가 양을 물어 가고 또 헤치느니라
13 달아나는 것은 그가 삯꾼인 까닭에 양을 돌보지 아니함이나
14 나는 선한 목자라 나는 내 양을 알고 양도 나를 아는 것이
15 아버지께서 나를 아시고 내가 아버지를 아는 것 같으니 나는 양을 위하여 목숨을 버리노라
16 또 이 우리에 들지 아니한 다른 양들이 내게 있어 내가 인도하여야 할 터이니 그들도 내 음성을 듣고 한 무리가 되어 한 목자에게 있으리라
17 내가 내 목숨을 버리는 것은 그것을 내가 다시 얻기 위함이니 이로 말미암아 아버지께서 나를 사랑하시느니라
18 이를 내게서 빼앗는 자가 있는 것이 아니라 내가 스스로 버리노라 나는 버릴 권세도 있고 다시 얻을 권세도 있으니 이 계명은 내 아버지에게서 받았노라 하시니라

오늘의 기도 영적인 열매를 풍성히 맺을 수 있도록 인도하여 주시옵소서!

사순절 제24일

주님이 주신 평안

본문: 요한복음 14장 27절 | 찬송: 408장 나 어느 곳에 있든지

단국대학교 예술대학원장을 지낸 조상현은 "젊었을 때는 살림을 불려 가는 것이 안주하는 것이요 평안이었지만, 이제 이 나이에는 살림을 줄여 가는 것이 안주하는 것이요 평안인 듯하다."고 말했습니다. 세상이 주는 평안은 불안전합니다. 좋은 환경이 주어지면 평안할 것이라고 여기지만 상황에 따라 또 다른 필요가 생기기 마련입니다. 편리함이 평안함과 같지 않기 때문입니다.

예수님이 자신들을 떠나서 아버지 곁으로 가신다는 말씀에 제자들은 여전히 불안해하고 있었습니다. 예수님은 그런 제자들에게 근심하지 말고 두려워하지도 말라고 말씀하십니다. 왜냐하면 예수님께서 제자들에게 평안을 주시기 때문입니다. 예수님은 자신이 소유하고 있는 '나의 평안'을 제자들에게 주신다고 하셨습니다. 예수님이 주시는 평안은 세상이 주는 것과 같지 않습니다. 세상의 평안은 부분적이고, 때 묻은 것이고, 잠정적입니다. 그러나 주님이 주시는 평안은 영적이기 때문에 상황이나 환경이 어떠하든지 상관없이 마음에 평안을 가져다줍니다. 죄와 욕심으로 비롯된 인간의 근심, 걱정, 염려를 예수님께서 우리의 죄를 사하심으로 모두 해결하셨습니다. 더는 근심할 필요가 없습니다. 예수님을 나의 왕으로 영접하고 그의 말씀에 따라 순종하기만 하면 우리는 평안을 누릴 수 있습니다.

참된 평안을 우리에게 주신 예수님께 범사에 감사하며 살아갑시다. 그러면 어디에 있든지 무엇을 하든지 넘치는 평안으로 행복한 인생이 될 것입니다.

2025. 4. 1 (화)

요한복음 14장 27절

27 평안을 너희에게 끼치노니 곧 나의 평안을 너희에게 주노라 내가 너희에게 주는 것은 세상이 주는 것과 같지 아니하니라 너희는 마음에 근심하지도 말고 두려워하지도 말라

오늘의 기도 평안을 주신 예수님을 나의 왕으로 모시어 날마다 천국의 기쁨을 누리게 하옵소서!

사순절 제25일

너희 마음이 쉼을 얻으리니

본문 : 마태복음 11장 25~30절 | 찬송 : 445장 태산을 넘어 험곡에 가도

　살아가다 보면 종종 사막을 걸어가는 것처럼, 어떻게 할지 어디로 가야할지 모를 때가 있습니다. 이럴 때 소천의 시를 기억합니다. "미련을 두지 말고 잠음에 귀기울이지 말고 안된다고 물고 늘어지는 것들이 곳곳에서 잡아채지만 저 만치서 소망의 등대가 비추고 있는데 왜 그리 멀겋게 허둥대고만 있는가? 가다가 지치면 쉬어라 울다가 지치면 웃어라 그래, 해는 떠오르기 위해 있는 것이지."

　예수님은 삶에 지치고 방황하는 사람들을 향하여 참 안식을 누릴 수 있는 길을 말씀하십니다. "수고하고 무거운 짐 진 자들아 다 내게로 오라 내가 너희를 쉬게 하리라(28절)." 우리에게 쉼과 참된 안식을 줄 수 있는 분은 예수님 뿐이십니다. 오늘 말씀에 주님께서는 교만한 자들에게는 천국과 메시야를 숨기시고, 겸손한 자들에게만 보이셨다고 하셨습니다. 바리새인과 서기관들을 포함한 다수의 유대인들은 스스로 지혜롭고 슬기롭다 여기는 교만 때문에 메시야를 거절하였으나, 어린아이들과 같이 겸손한 자, 즉 세리들과 창녀들은 천국을 침노하여 얻었습니다. 이들은 겸손하신 예수님과 함께 걸어가고 함께 일하며, 주님이 주시는 쉽고 가벼운 멍에로 참된 쉼을 누리게 되었습니다.

　피곤하고 지친 인생의 길에도 제대로 쉬고, 제대로 회복하며 걸어갈 수 있는 방법이 오늘 말씀에 있습니다. 이는 겸손히 주와 함께 자유롭고 가벼운 주님의 짐을 지는 것입니다.

2025. 4. 2 (수)

마태복음 11장 25~30절

25 그 때에 예수께서 대답하여 이르시되 천지의 주재이신 아버지여 이것을 지혜롭고 슬기 있는 자들에게는 숨기시고 어린 아이들에게는 나타내심을 감사하나이다
26 옳소이다 이렇게 된 것이 아버지의 뜻이니이다
27 내 아버지께서 모든 것을 내게 주셨으니 아버지 외에는 아들을 아는 자가 없고 아들과 또 아들의 소원대로 계시를 받는 자 외에는 아버지를 아는 자가 없느니라
28 수고하고 무거운 짐 진 자들아 다 내게로 오라 내가 너희를 쉬게 하리라
29 나는 마음이 온유하고 겸손하니 나의 멍에를 메고 내게 배우라 그리하면 너희 마음이 쉼을 얻으리니
30 이는 내 멍에는 쉽고 내 짐은 가벼움이라 하시니라

오늘의 기도 주와 함께 걸어가는 인생길 가운데, 주님의 겸손을 배우고 동행하므로 참된 쉼과 회복을 누리게 하옵소서!

사순절 제26일

영적 양식 누리기

본문: 요한복음 6장 26~35절 | 찬송: 95장 나의 기쁨 나의 소망되시며

오늘날 많은 사람이 물질을 생명의 양식으로 믿고 살아갑니다. 그래서 물질로 자신의 존재를 결정짓습니다. 물질이 없으면 존재의 불안감에 휩싸입니다. 물질이 곧 구원이라고 믿는 현대인들에게 돈은 하나님이요, 예금 통장은 구세주이며, 그 속에 들어있는 잔고의 많고 적음이 바로 충만함을 가져다주는 성령님입니다. 그래서 통장의 잔고가 늘어나면 안심이 되고 가벼워질 때는 위협을 느낍니다.

오병이어의 기적을 체험했던 무리가 예수님 앞으로 나아옴을 보시고, 예수님은 "내가 진실로 진실로 너희에게 이르노니 너희가 나를 찾는 것은 표적을 본 까닭이 아니요 떡을 먹고 배부른 까닭이로다(26절)."라고 말씀하셨습니다. 그들은 예수님이 누구인가에 대해선 관심이 별로 없고, 예수님이 무엇을 주실 것인가에 대해서만 관심을 쏟고 있었습니다. 예수님으로부터 이득을 얻어내기 위해서 예수님을 찾고 있었던 것입니다. 존 비비어는 교회에 두 부류의 신자가 있다고 합니다. 하나는 주님이 자신들에게 주는 유익을 찾아 나오는 이들이고, 또 다른 하나는 하나님이 누구신가에 대해 관심이 있어서 교회를 찾는 사람들이라고 합니다. 예수님께서 말씀하십니다. "썩을 양식을 위하여 일하지 말고 영생하도록 있는 양식을 위하여 하라(27절)." 그 영원하도록 있는 양식이 무엇입니까? 바로 예수님이 생명의 양식입니다. 예수님을 믿으십시오. 영원히 목마르지 아니할 것입니다.

오늘도 내 영혼을 풍성케 하실 생명의 양식되신 예수님으로 인해 만족하며, 영생하도록 있는 양식을 위하여 일하는 하루 보내길 바랍니다.

2025. 4. 3 (목)

요한복음 6장 26~35절

26 예수께서 대답하여 이르시되 내가 진실로 진실로 너희에게 이르노니 너희가 나를 찾는 것은 표적을 본 까닭이 아니요 떡을 먹고 배부른 까닭이로다
27 썩을 양식을 위하여 일하지 말고 영생하도록 있는 양식을 위하여 하라 이 양식은 인자가 너희에게 주리니 인자는 아버지 하나님께서 인치신 자니라
28 그들이 묻되 우리가 어떻게 하여야 하나님의 일을 하오리이까
29 예수께서 대답하여 이르시되 하나님께서 보내신 이를 믿는 것이 하나님의 일이니라 하시니
30 그들이 묻되 그러면 우리가 보고 당신을 믿도록 행하시는 표적이 무엇이니이까, 하시는 일이 무엇이니이까
31 기록된 바 하늘에서 그들에게 떡을 주어 먹게 하였다 함과 같이 우리 조상들은 광야에서 만나를 먹었나이다
32 예수께서 이르시되 내가 진실로 진실로 너희에게 이르노니 모세가 너희에게 하늘로부터 떡을 준 것이 아니라 내 아버지께서 너희에게 하늘로부터 참 떡을 주시나니
33 하나님의 떡은 하늘에서 내려 세상에 생명을 주는 것이니라
34 그들이 이르되 주여 이 떡을 항상 우리에게 주소서
35 예수께서 이르시되 나는 생명의 떡이니 내게 오는 자는 결코 주리지 아니할 터이요 나를 믿는 자는 영원히 목마르지 아니하리라

오늘의 기도 세상의 떡이 아닌 생명의 떡인 예수님 만을 바라고 거룩한 삶을 살게 하옵소서!

사순절 제27일

단 한 번의 제사로 온전하게

본문: 히브리서 10장 7~18절 │ 찬송: 94장 주 예수보다 더 귀한 것은 없네

초기 기독교 개종자들 가운데 대부분은 동물 제사의 예배 형태에 익숙해 있었습니다. 그들이 유대인이든지 이방인이든지 마찬가지였습니다. 히브리서 저자는 예수님의 죽으심에도 불구하고 여전히 동물 제사가 행해지는 것을 보고 더는 그런 제사가 필요 없다고 말했습니다. 하나님께 피의 제사를 드리는 일은 중단되어야 했습니다.

예수님께서 성육신하신 목적은 속죄 사역에 있습니다. 예수님께서는 자기 몸을 단번에 드리심으로 세상의 죄를 없이하시기 위해 이 땅에 오셨습니다. 그의 몸을 드린다는 것은 자기 자신을 제물로 드리는 것을 말합니다. 성도의 거룩함과 하나님께 나아가는 것이 그의 몸을 통해 이루어졌습니다. 예수님께서 온전한 제사를 드림으로 자기 백성을 죄의 도덕적인 더러움에서 깨끗하게 하셨고, 그들에게 하나님과의 관계를 영구히 유지할 수 있다는 것을 보증하셨습니다. "그가 거룩하게 된 자들을 한 번의 제사로 영원히 온전하게 하셨느니라(14절)." 그리스도의 제사로 성도들은 양심의 죄에서 깨끗함을 받았으며, 온전한 예배자로 하나님께 나아갈 수 있게 되었습니다.

하나님의 말씀을 진정으로 받아들였다면, 우리가 죄 사함을 받고 깨끗하게 되는 것이 자명합니다. 우리를 온전케 하신 우리 구원의 실체인 예수님께 감사하는 마음으로 일상을 살아갑시다.

히브리서 10장 7~18절

7 이에 내가 말하기를 하나님이여 보시옵소서 두루마리 책에 나를 가리켜 기록된 것과 같이 하나님의 뜻을 행하러 왔나이다 하셨느니라
8 위에 말씀하시기를 주께서는 제사와 예물과 번제와 속죄제는 원하지도 아니하고 기뻐하지도 아니하신다 하셨고 (이는 다 율법을 따라 드리는 것이라)
9 그 후에 말씀하시기를 보시옵소서 내가 하나님의 뜻을 행하러 왔나이다 하셨으니 그 첫째 것을 폐하심은 둘째 것을 세우려 하심이라
10 이 뜻을 따라 예수 그리스도의 몸을 단번에 드리심으로 말미암아 우리가 거룩함을 얻었노라
11 제사장마다 매일 서서 섬기며 자주 같은 제사를 드리되 이 제사는 언제나 죄를 없게 하지 못하거니와
12 오직 그리스도는 죄를 위하여 한 영원한 제사를 드리시고 하나님 우편에 앉으사
13 그 후에 자기 원수들을 자기 발등상이 되게 하실 때까지 기다리시나니
14 그가 거룩하게 된 자들을 한 번의 제사로 영원히 온전하게 하셨느니라
15 또한 성령이 우리에게 증언하시되
16 주께서 이르시되 그 날 후로는 그들과 맺을 언약이 이것이라 하시고 내 법을 그들의 마음에 두고 그들의 생각에 기록하리라 하신 후에
17 또 그들의 죄와 그들의 불법을 내가 다시 기억하지 아니하리라 하셨으니
18 이것들을 사하셨은즉 다시 죄를 위하여 제사 드릴 것이 없느니라

오늘의 기도 우리에게 하나님께로 나아가는 길을 열어 주신 주님, 그리스도의 제사로 우리를 온전하게 하신 주님, 주님께 늘 감사하며 살게 하옵소서!

사순절 제28일

가장 고통스러운 형벌을 지고 주신, 치유

본문: 베드로전서 2장 24절 | 찬송: 144장 예수 나를 위하여

고대 세계에서 나무 십자가는 악랄한 범죄를 저지른 흉악범을 죽이는 사형 도구였습니다. 십자가 형은 사람을 죽이는 여러 가지 처형 방법 중에서 가장 잔인했습니다. 로마의 연설가인 키케로는 십자가를 '가장 잔인하고 가장 혐오스러운 형벌'이라고 비난했습니다. 당시의 사람들은 십자가를 무서워하고 두려워하며 수치스러워했습니다.

히브리서 기자는 예수님에 대해 "거룩하고 악이 없고 더러움이 없고 죄인에게서 떠나 계시고 하늘보다 높이 되신 분"(히 7:26)이 "흠 없는 자기를 하나님께 드렸다"(히 9:14)고 기록했습니다. 또한 "죄와 상관없는 분"으로 단언했습니다(히 9:28). 베드로는 그런 예수님이 친히 나무에 달려 그 몸으로 우리 죄를 담당하셔서 우리가 나음을 얻게 되었다고 증언하였습니다. 예수님께서 가장 고통스러운 형벌을 대신 짊어지시고 가장 처절한 수치스러움을 대신 감당하셨습니다. 오늘 우리가 누리는 평화와 우리가 얻은 치유는 예수님에 의해 주어진 것입니다.

우리는 예수님께서 받으신 그 혹독한 고난을 묵상하는 가운데 우리가 품었던 탐욕과 시기와 이기심에 애통해야 합니다. 그리고 우리가 다른 사람들에게 저질렀던 배신과 중상모략과 정죄와 잔인함을 회개해야 합니다. 진정한 치유는 회개로부터 시작합니다.

2025. 4. 5 (토)

베드로전서 2장 24절

24 친히 나무에 달려 그 몸으로 우리 죄를 담당하셨으니 이는 우리로 죄에 대하여 죽고 의에 대하여 살게 하려 하심이라 그가 채찍에 맞음으로 너희는 나음을 얻었나니

오늘의 기도 그리스도의 대속의 은혜로 인하여 치유와 자유와 평화를 누리게 하옵소서!

사순절 제29일

영원한 거처를 예비하시다

본문: 요한복음 14장 2~3절 | 찬송: 208장 내 주의 나라와

요한복음 13장에서 예수님은 제자들에게 자신이 가는 곳에 제자들은 올 수 없다고 말씀하셨습니다 (요 13:33). 예수님이 떠나신다는 선언에 제자들은 적잖이 혼란스럽고 앞으로의 날이 걱정되었을 것입니다. 예수님께서는 근심하는 제자들에게, '너희를 위한 거처를 준비하기 위해 떠나간다'고 말씀하시고, '거처를 예비하면 다시 와서 자신이 있는 곳에 같이 있게 하겠다' 하셨습니다. 그 거처는 바로 하나님 나라입니다. 예수님은 하나님 나라에 많은 거처를 마련하시고 제자들을 데리고 가시겠다 하셨습니다. 왜 이 말씀을 하셨습니까? 예수님은 곧 하나님 아버지의 뜻에 순종하여 십자가의 길을 가실 것입니다. 이 일로 인해 잠시 헤어지는 아픔과 근심 속에 있게 될 제자들을 위해 위로와 소망의 말씀을 주신 것입니다.

예수님은 우리를 위해 죽으시고 부활하셨고, 아버지의 집에 우리를 위한 거처를 마련해 주셨습니다. 우리는 예수님이 우리를 사랑하심으로 이 사역을 감당하셨음을 믿고, 하나님 나라의 거처로 우리를 인도하시겠다는 약속이 이루어질 것을 신뢰해야 합니다. 예수님이 준비하신 그 많은 거처에서 성도들은 하나님과 풍성한 교제를 나눌 것입니다.

그러므로 우리 인생 가운데 아무리 큰 문제와 위기가 오더라도, 예수님이 우리를 위해 주신 약속을 믿고, 영원한 거처, 하나님 나라에서 주님을 다시 만날 것을 소망하며 살아가야 합니다. 오늘 우리에게 주신 예수님의 약속을 신뢰하며 하나님 나라를 바라보며 서로 격려하시기 바랍니다.

2025. 4. 7 (월)

요한복음 14장 2~3절

2 내 아버지 집에 거할 곳이 많도다 그렇지 않으면 너희에게 일렀으리라 내가 너희를 위하여 거처를 예비하러 가노니
3 가서 너희를 위하여 거처를 예비하면 내가 다시 와서 너희를 내게로 영접하여 나 있는 곳에 너희도 있게 하리라

오늘의 기도 예수님이 우리를 위해 준비해 놓으신 하나님 나라를 소망하며 주님을 다시 만날 소망을 품고 살아가게 하옵소서.

사순절 제30일

하늘의 상급을 기억하라

본문: 마태복음 5장 12절 | 찬송: 341장 십자가를 내가 지고

　예수님은 세상이 예수님을 따르는 자들을 욕하고 박해하는 때가 올 것이라고 말씀하셨습니다. 그런데 예수님은 이런 고난을 당할 때 기뻐하고 즐거워하라고 하십니다. 현실은 고통스럽지만 장차 하늘에서 큰 상을 받을 것이기 때문입니다. 또한 예수님도 그렇게 박해를 받으셨고 이전의 선지자들 역시 박해를 받았기 때문에 이러한 사실을 기억할 때 위로를 받을 뿐 아니라 도리어 기뻐하고 즐거워할 수 있습니다.

　우리가 그리스도인이라는 이유만으로 세상에서 박해를 받고 온갖 수모를 당하는 것은 우리가 주님의 진짜 제자, 진짜 그리스도인이라는 증거입니다. 또한 우리가 주님의 이름과 복음을 전하는 일로 인해 박해를 당하는 것은 사단과 세상이 우리를 주님께 속한 자로 인식했다는 의미입니다. 그러니 기뻐할 수밖에 없는 것입니다.

　그러나 혹시 고난을 피하려고 의를 행하지 않고 있다면 그것은 예수님의 사람이 되기를 거부하는 것과 같습니다. 예수님을 위해, 예수님 때문에 박해를 받는 것은 그리스도인만이 가질 수 있는 특권입니다. 특권을 누리지 못하는 어리석은 사람이 아니라 고난을 기뻐하며 예수님이 가신 길을 온전히 따라가는 삶이 되시기 바랍니다.

마태복음 5장 12절

12 기뻐하고 즐거워하라 하늘에서 너희의 상이 큼이라 너희 전에 있던 선지자들도 이같이 박해하였느니라

오늘의 기도 예수님을 따르는 삶이 결코 쉬운 삶이 아니지만, 하늘의 상급이 있음을 믿고 고난도 기뻐하며 예수님의 진짜 제자로서의 삶을 살게 하옵소서.

사순절 제31일

겸손한 왕의 예루살렘 입성

본문: 요한복음 12장 12~19절 | 찬송: 80장 천지에 있는 이름 중

예수님이 나귀 새끼를 타고 예루살렘 성으로 입성하셨습니다. 싸움에서 이기고 돌아온 여느 왕이나 장군이 의기양양하게 병거나 말을 타고 오는 모습과는 사뭇 다른 겸손한 모습이었습니다. 예수님이 이스라엘의 왕으로 나귀 새끼를 타고 오신 것은 구약 스가랴 선지자를 통해 예언된 말씀을 성취하신 것입니다(슥 9:9).

예수님이 예루살렘에 오신다는 소식을 들은 큰 무리는 세상의 권력을 가진 왕, 자신들이 기대하는 왕으로서 예수님을 환영했습니다. 하지만 예수님은 겸손하고 낮은 모습으로 나귀 새끼를 타시며 구약이 예언한 진정한 왕이심을 드러내셨습니다. 예수님은 세상이 원하는 방식과 전혀 다른 방식으로 자신이 왕이심을 전하셨습니다.

우리는 각자가 원하는 혹은 세상적인 방식으로 예수님이 자신의 삶에 왕으로 오시기를 바라서는 안 됩니다. 성도는 겸손한 십자가의 길을 통해 예수님의 왕권을 드러내야 합니다. 예수님의 왕권을 인정하고 예수님만이 온 세상이 따라야 할 참된 왕이심을 전하며 순종의 길로 나아가는 하루가 되시기 바랍니다.

2025. 4. 9 (수)

요한복음 12장 12~19절

12 그 이튿날에는 명절에 온 큰 무리가 예수께서 예루살렘으로 오신다는 것을 듣고
13 종려나무 가지를 가지고 맞으러 나가 외치되 호산나 찬송하리로다 주의 이름으로 오시는 이 곧 이스라엘의 왕이시여 하더라
14 예수는 한 어린 나귀를 보고 타시니
15 이는 기록된 바 시온 딸아 두려워하지 말라 보라 너의 왕이 나귀 새끼를 타고 오신다 함과 같더라
16 제자들은 처음에 이 일을 깨닫지 못하였다가 예수께서 영광을 얻으신 후에야 이것이 예수께 대하여 기록된 것임과 사람들이 예수께 이같이 한 것임이 생각났더라
17 나사로를 무덤에서 불러내어 죽은 자 가운데서 살리실 때에 함께 있던 무리가 증언한지라
18 이에 무리가 예수를 맞음은 이 표적 행하심을 들었음이러라
19 바리새인들이 서로 말하되 볼지어다 너희 하는 일이 쓸 데 없다 보라 온 세상이 그를 따르는도다 하니라

오늘의 기도 예수님만이 진정한 우리의 왕이심을 고백하고 선포하며 겸손히 십자가의 길을 걸어가게 하옵소서.

사순절 제32일

성전을 거룩하게

본문: 마태복음 21장 12~17절 | 찬송: 422장 거룩하게 하소서

예루살렘에 도착하신 예수님은 성전에 들어가셨습니다. 그곳에서 매매하는 모든 사람을 쫓아내시고 돈 바꾸는 사람들의 상과 비둘기 파는 사람들의 의자를 둘러 엎으셨습니다. 성전은 기도하는 집이라 일컬음 받아야 하는데 강도의 소굴이 되었기 때문입니다. 그리고 예수님은 맹인과 저는 자들을 고쳐주셨습니다. 그러자 강도의 소굴 같았던 성전에 찬송 소리가 울려 퍼지게 되었습니다. 예수님이 성전을 강도의 소굴에서 성전 본연의 모습으로 회복시키신 것입니다.

그런데 종교 지도자들은 예수님을 인정하지 않았습니다. 성전에서 매매하는 자들을 쫓아내신 예수님과 메시야가 받아야 할 찬송을 예수님께 외치는 아이들을 보고 분노하였습니다. 하지만 예수님은 아이들의 찬송이 합당하다고 말씀하셨습니다(시 8:2). 교회는 하나님께 나아가는 가장 거룩한 장소가 되어야 합니다. 자신의 편의와 이익을 위해서 거룩한 장소를 더럽혀서는 안됩니다. 성결함을 잃어버린 교회를 향해 예수님께서는 진노하십니다.

주님을 모셔야 하는 자리에 재물이나 다른 가치들을 놓아두고 우상 숭배하듯 행동하지는 않았는지 돌아봐야 합니다. 교회가 교회다워질 때 교회 안에 진심 어린 찬송의 소리가 울려 퍼지게 됩니다. 우리가 예배하는 자리가 하나님이 가장 기뻐 받으시는 곳이 되도록, 기도가 가득한 곳이 되도록 힘쓰시기 바랍니다.

마태복음 21장 12~17절

12 예수께서 성전에 들어가사 성전 안에서 매매하는 모든 사람들을 내쫓으시며 돈 바꾸는 사람들의 상과 비둘기 파는 사람들의 의자를 둘러 엎으시고
13 그들에게 이르시되 기록된 바 내 집은 기도하는 집이라 일컬음을 받으리라 하였거늘 너희는 강도의 소굴을 만드는도다 하시니라
14 맹인과 저는 자들이 성전에서 예수께 나아오매 고쳐주시니
15 대제사장들과 서기관들이 예수께서 하시는 이상한 일과 또 성전에서 소리 질러 호산나 다윗의 자손이여 하는 어린이들을 보고 노하여
16 예수께 말하되 그들이 하는 말을 듣느냐 예수께서 이르시되 그렇다 어린 아기와 젖먹이들의 입에서 나오는 찬미를 온전하게 하셨나이다 함을 너희가 읽어 본 일이 없느냐 하시고
17 그들을 떠나 성 밖으로 베다니에 가서 거기서 유하시니라

오늘의 기도 우리 교회가 하나님께 나아가는 가장 거룩한 장소가 되게 하시고 하나님을 높이는 찬양과 기도가 끊이지 않게 하옵소서.

사순절 제33일

산헤드린의 음모

본문: 마태복음 26장 1~5절 | 찬송: 288장 예수를 나의 구주 삼고

　예수님이 예루살렘에 입성한 후 많은 일들을 하셨는데, 종교 지도자들은 예수님을 잡아 죽일 흉계를 꾸몄습니다. 그런데 민란이 일어날까 두려워하며 명절에는 예수님을 죽이지 말자고 말을 맞추었습니다. 하지만 예수님은 이번 명절에 죽임당하실 것을 제자들에게 말씀하셨습니다. 예수님의 십자가 죽음은 우연한 사건이 아니라 하나님의 계획이었습니다. 그리고 겉으로 보기에 예수님은 악한 자들의 손에 죽임을 당하신 것 같지만, 실은 인류의 죗값을 치르기 위해 스스로 죽음을 향해 나아가신 것입니다.

　예수님이 이 땅에 오신 이유는 돌아가시기 위해서였습니다. 때문에 자신이 죽임당할 날과 죽음의 방식을 제자들에게 미리 알려 주셨습니다. 죽음의 방법과 그 날이 박해하는 자들의 손에 달린 것이 아니라 예수님의 손안에 있었습니다. 예수님이 십자가에서 돌아가신 것은 예수님이 이 땅에 오신 이유요 목적이었습니다. 죽음에 대한 두려움 때문에 다른 방법을 찾지 않으셨습니다. 때가 왔을 때 십자가를 향해 나아가셨습니다.

　우리를 죄에서 구원하고 영원한 생명을 주시기 위해, 박해하는 자들 가운데에도 흔들리지 않으시고 십자가로 나아가신 주님께 감사와 찬양을 드립시다. 또한 예수님을 거부하고 복음이 전파되는 것을 방해하는 세력들의 공격에도 흔들리지 말고 담대함으로 복음을 전하러 나아갑시다.

2025. 4. 11 (금)

마태복음 26장 1~5절

1 예수께서 이 말씀을 다 마치시고 제자들에게 이르시되
2 너희가 아는 바와 같이 이틀이 지나면 유월절이라 인자가 십자가에 못 박히기 위하여 팔리리라 하시더라
3 그 때에 대제사장들과 백성의 장로들이 가야바라 하는 대제사장의 관정에 모여
4 예수를 흉계로 잡아 죽이려고 의논하되
5 말하기를 민란이 날까 하노니 명절에는 하지 말자 하더라

오늘의 기도 예수님이 십자가를 지신 것은 하나님께서 정하신 계획이었음을 믿고 그 계획에 온전히 순종하신 예수님을 바라보게 하옵소서.

사순절 제34일

유월절 식사

본문: 마태복음 26장 17~25절 | 찬송: 290장 우리는 주님을 늘 배반하나

　식탁 교제는 영양 보급의 기능 이외에 의사소통이나 연대감 강화를 위한 좋은 계기가 됩니다. 구약에서 식탁 교제는 하나님을 섬기는 자들을 언약 안에서 결속하는 자리였습니다.

　예수님은 고난 당하시고 십자가에 달려 죽으실 때가 다가옴을 아셨습니다. 그러나 주님은 고난의 길을 피하려 하지 않으시고 친히 그 길을 준비하셨습니다. 제자들에게도 그 길에 대해 말씀하시고 따를 것을 당부하셨습니다. 그 길은 하나님이 예비하신 길로, 생명의 길이며 인류를 구원하는 길이기 때문입니다. 예수님은 한 알의 밀알이 땅에 떨어져 죽지 않으면 그대로 있지만, 죽으면 많은 열매를 맺을 것이라고 하셨습니다. 예수님은 제자들을 초청하시고 마지막 만찬에서 주의 몸을 먹고 피를 마시게 했습니다. 그것은 새로운 공동체의 탄생을 의미합니다. 그러나 이 축하의 자리에 얼음을 깨는 듯한 일이 벌어졌습니다. 한 사람이 예수님을 배반할 것이라는 겁니다. 그 한 사람은 가룟 유다였습니다. 헌신과 배신은 종이 한 장 차이지만, 그 결과는 너무도 상이합니다. 주의 공동체에 참여한 제자들은 주의 고난을 따라가 결국 주의 영광에 이르렀지만, 가룟 유다는 자신의 영광을 따라가 결국 태어나지 않은 것이 좋을 뻔한 인생이 되었습니다.

　주님께서 우리를 주님의 살과 피를 함께 마시는 식탁으로 초대하셨습니다. 주님의 제자로서 공동체의 일원으로서 주님의 초청에 응답하시기를 바랍니다.

2025. 4. 12 (토)

마태복음 26장 17~25절

17 무교절의 첫날에 제자들이 예수께 나아와서 이르되 유월절 음식 잡수실 것을 우리가 어디서 준비하기를 원하시나이까
18 이르시되 성안 아무에게 가서 이르되 선생님 말씀이 내 때가 가까이 왔으니 내 제자들과 함께 유월절을 네 집에서 지키겠다 하시더라 하라 하시니
19 제자들이 예수께서 시키신 대로 하여 유월절을 준비하였더라
20 저물 때에 예수께서 열두 제자와 함께 앉으셨더니
21 그들이 먹을 때에 이르시되 내가 진실로 너희에게 이르노니 너희 중의 한 사람이 나를 팔리라 하시니
22 그들이 몹시 근심하여 각각 여짜오되 주여 나는 아니지요
23 대답하여 이르시되 나와 함께 그릇에 손을 넣는 그가 나를 팔리라
24 인자는 자기에 대하여 기록된 대로 가거니와 인자를 파는 그 사람에게는 화가 있으리로다 그 사람은 차라리 태어나지 아니하였더라면 제게 좋을 뻔하였느니라
25 예수를 파는 유다가 대답하여 이르되 랍비여 나는 아니지요 대답하시되 네가 말하였도다 하시니라

오늘의 기도 우리의 주인 되시는 주님의 공동체의 일원으로서 담대히 살아가는 인생이 되게 하옵소서.

사순절 제35일

보여주시는 사랑

본문: 요한복음 13장 1~11절 | 찬송: 449장 예수 따라가며

　사랑은 감정을 포함하고 있지만, 감정이 사랑의 전부는 아닙니다. 의지적인 행동으로 드러날 때 진정한 사랑이라고 말할 수 있는 것입니다. 예수님의 사랑은 행하시고 보여주시는 사랑입니다.

　예수님은 제자들과 함께 저녁 식사를 하시다가 갑자기 자리에서 일어나 제자들의 발을 씻어 주셨습니다. 발을 씻는 것은 보통 종들이 하는 일이었습니다. 그런데 선생이요 주님이신 예수님께서 직접 제자들의 발을 씻으셨습니다. 예수님의 이러한 행동은 서로 누가 더 큰 자인지를 다투던 제자들에게 충격이었을 것입니다. 제자들은 서로 예수님 곁에서 출세하고자 했습니다. 예수님은 그런 제자들의 냄새 나는 발을 씻으시고 닦아주셨습니다. 그것은 뜨거운 사랑의 행동이었습니다.

　예수님은 가룟 유다를 포함해 자기에게 속한 사람들을 끝까지 사랑하셨습니다. 예수님의 사랑이 우리를 구원하셨습니다. 택하심을 받아 구원받은 자로서 받은 사랑을 나눠 주고 있습니까? 행동하는 사랑으로 예수님을 닮아가는 성도들이 되십시오.

2025. 4. 14 (월)

요한복음 13장 1~11절

1 유월절 전에 예수께서 자기가 세상을 떠나 아버지께로 돌아가실 때가 이른 줄 아시고 세상에 있는 자기 사람들을 사랑하시되 끝까지 사랑하시니라
2 마귀가 벌써 시몬의 아들 가룟 유다의 마음에 예수를 팔려는 생각을 넣었더라
3 저녁 먹는 중 예수는 아버지께서 모든 것을 자기 손에 맡기신 것과 또 자기가 하나님께로부터 오셨다가 하나님께로 돌아가실 것을 아시고
4 저녁 잡수시던 자리에서 일어나 겉옷을 벗고 수건을 가져다가 허리에 두르시고
5 이에 대야에 물을 떠서 제자들의 발을 씻으시고 그 두르신 수건으로 닦기를 시작하여
6 시몬 베드로에게 이르시니 베드로가 이르되 주여 주께서 내 발을 씻으시나이까
7 예수께서 대답하여 이르시되 내가 하는 것을 네가 지금은 알지 못하나 이 후에는 알리라
8 베드로가 이르되 내 발을 절대로 씻지 못하시리이다 예수께서 대답하시되 내가 너를 씻어 주지 아니하면 네가 나와 상관이 없느니라
9 시몬 베드로가 이르되 주여 내 발뿐 아니라 손과 머리도 씻어 주옵소서
10 예수께서 이르시되 이미 목욕한 자는 발밖에 씻을 필요가 없느니라 온 몸이 깨끗하니라 너희가 깨끗하나 다는 아니니라 하시니
11 이는 자기를 팔 자가 누구인지 아심이라 그러므로 다는 깨끗하지 아니하다 하시니라

오늘의 기도 주님께서 주신 사랑에 감사하며, 받은 사랑을 예수님처럼 행동으로 보이는 삶을 살아가게 하소서.

사순절 제36일

겟세마네의 기도

본문: 마태복음 26장 36~46절 | 찬송: 364장 내 기도하는 그 시간

　예수님은 극한의 육체적 고통뿐만 아니라 영적인 죽음까지도 앞두고 계셨기에 매우 괴로워하셨습니다. 그럼에도 예수님은 간절한 마음으로 기도하심으로 하나님의 뜻에 순종할 수 있었습니다.

　모두 주를 버릴지라도 자신은 절대 버리지 않겠다고 호언장담했던 베드로가 주님을 위해 한 시간도 깨어 있지 못합니다. 베드로와 제자들은 깨어 기도해야 했습니다. 그러나 그러지 못했습니다. 반면 예수님은 심히 고민하고 슬퍼서 죽을 것 같은 상황에서도 끝까지 기도하셨습니다. 하나님이 뜻하신 방식이 너무나 고통스럽고 가혹했지만, 기도로써 그것을 감당할 힘과 용기를 얻으셨습니다. 예수님은 자신을 잡으러 온 사람들을 피하지 않으시고 오히려 맞으러 나가셨습니다. 이 같은 담대함과 적극적인 순종은 기도에서 비롯된 것이었습니다.

　우리 또한 깨어 기도해야 합니다. 인간적인 마음에서 우러나온 의욕과 자만심은 믿음이 아닙니다. 마음에는 원이로되 육신이 약하므로 예수님을 본받아 기도해야 합니다.

2025. 4. 15 (화)

마태복음 26장 36~46절

36 이에 예수께서 제자들과 함께 겟세마네라 하는 곳에 이르러 제자들에게 이르시되 내가 저기 가서 기도할 동안에 너희는 여기 앉아 있으라 하시고
37 베드로와 세베대의 두 아들을 데리고 가실새 고민하고 슬퍼하사
38 이에 말씀하시되 내 마음이 매우 고민하여 죽게 되었으니 너희는 여기 머물러 나와 함께 깨어 있으라 하시고
39 조금 나아가사 얼굴을 땅에 대시고 엎드려 기도하여 이르시되 내 아버지여 만일 할 만하시거든 이 잔을 내게서 지나가게 하옵소서 그러나 나의 원대로 마시옵고 아버지의 원대로 하옵소서 하시고
40 제자들에게 오사 그 자는 것을 보시고 베드로에게 말씀하시되 너희가 나와 함께 한 시간도 이렇게 깨어 있을 수 없더냐
41 시험에 들지 않게 깨어 기도하라 마음에는 원이로되 육신이 약하도다 하시고
42 다시 두 번째 나아가 기도하여 이르시되 내 아버지여 만일 내가 마시지 않고는 이 잔이 내게서 지나갈 수 없거든 아버지의 원대로 되기를 원하나이다 하시고
43 다시 오사 보신즉 그들이 자니 이는 그들의 눈이 피곤함일러라
44 또 그들을 두시고 나아가 세 번째 같은 말씀으로 기도하신 후
45 이에 제자들에게 오사 이르시되 이제는 자고 쉬라 보라 때가 가까이 왔으니 인자가 죄인의 손에 팔리느니라
46 일어나라 함께 가자 보라 나를 파는 자가 가까이 왔느니라

오늘의 기도 우리와 늘 함께하시는 주님을 의지하며 힘들고 어려운 상황 속에서 깨어 기도함으로 하나님의 뜻에 순종하는 삶을 살게 하옵소서.

사순절 제37일

고통과 조롱 속에서도

본문: 마태복음 27장 27~31절 | 찬송: 147장 거기 너 있었는가

　예수님은 군병들에게 육체적인 고통과 함께 수치스러운 모욕과 조롱도 당하셨습니다. 그런 예수님께서 자신을 따르려면 자기를 부인하고 자기 십자가를 지고 따라야 한다고 말씀하셨습니다(마 16:24).

　예수님은 로마 군병들이 모여 있는 관정 안으로 끌려가셨습니다. 그곳에서 물리적, 정신적 폭력을 당하셨습니다. 군병들은 예수님의 옷을 벗기고 홍포를 입히며, 가시관을 씌우고 갈대를 들게 한 후에 희롱했습니다. 예수님께 침을 뱉고 예수님의 머리를 치기도 했습니다. 이들의 잔인함을 볼 때 성경에 기록되지 않은 폭력도 많을 것입니다. 그러나 예수님은 수치스럽고 폭력적인 처사에 별다른 대항을 하지 않으시고 묵묵히 견디셨습니다.

　죄악으로 인해 우리의 악한 부분을 고치기 위해 예수님이 십자가에 달리셨다는 사실을 잊지 말아야 합니다. 예수님이 보여주신 본을 따라 우리는 남에게 맞을지언정 때리지 말고, 조롱당할지언정 조롱해서는 안 됩니다. 성도와 교회는 모두 주님을 닮아야 합니다.

2025. 4. 16 (수)

마태복음 27장 27~31절

27 이에 총독의 군병들이 예수를 데리고 관정 안으로 들어가서 온 군대를 그에게로 모으고
28 그의 옷을 벗기고 홍포를 입히며
29 가시관을 엮어 그 머리에 씌우고 갈대를 그 오른손에 들리고 그 앞에서 무릎을 꿇고 희롱하여 이르되 유대인의 왕이여 평안할지어다 하며
30 그에게 침 뱉고 갈대를 빼앗아 그의 머리를 치더라
31 희롱을 다 한 후 홍포를 벗기고 도로 그의 옷을 입혀 십자가에 못 박으려고 끌고 나가니라

오늘의 기도 날마다 자기 십자가를 지며 십자가의 달리신 주님을 기억하는 삶을 살아가게 하옵소서.

사순절 제38일

십자가에 못 박히신 예수님

본문: 마태복음 27장 32~44절 | 찬송: 151장 만왕의 왕 내 주께서

    백성들의 광기와 빌라도의 무책임한 태도는 결국 죄 없으신 예수님을 죽음으로 몰아넣었습니다. 예수님께서는 아무 죄도 없으셨지만, 정치적 압력과 군중의 억지스러운 요구 속에서 사형 선고를 받으셨습니다. 그러나 그 결정은 단순한 인간의 불의로만이 아니라, 하나님의 구원 계획 속에 이미 예비된 길이었습니다. 예수님은 하나님의 뜻에 순종하며 자발적으로 그 길을 걸어가셨습니다.
    예수님은 채찍과 조롱, 멸시 속에서 온몸이 고통과 상처로 뒤덮였습니다. 육체적 고통뿐 아니라 온 인류의 죄와 수치를 짊어지시고 골고다 언덕을 향해 묵묵히 걸어가셨습니다. 십자가형은 가장 잔인하고 수치스러운 형벌로 극악한 죄인들에게만 적용되는 처형 방식이었습니다. 그러나 예수님은 아무런 죄가 없으셨습니다. 그런데도 우리의 죄를 대신하여 죄인의 자리에 서셨고, 손과 발에 못이 박히신 채 십자가 위에서 피를 흘리며 온전한 희생제물이 되셨습니다. 예수님의 십자가 죽음은 단순한 비극이 아니라, 하나님의 구원 역사의 정점이었습니다. 아담의 불순종으로 인해 인류가 짊어진 죄와 죽음의 무게를 예수님께서 대신 지셨습니다. 우리의 죄를 용서하시고 하나님과의 관계를 회복시키기 위해, 하나님의 아들이 십자가에서 죽음을 선택하신 것입니다.
    십자가는 우리를 구원하는 유일한 방법이었으며, 하나님의 구원 계획이 완성된 순간이었습니다. 우리는 예수님의 십자가 죽음을 통해 하나님의 사랑과 은혜를 가장 깊이 깨달을 수 있습니다. 우리를 위해 고난을 받으시고 십자가에 못 박히신 예수님을 깊이 묵상하며 그 십자가 앞에 나아가시기를 바랍니다.

2025. 4. 17 (목)

마태복음 27장 32~44절

32 나가다가 시몬이란 구레네 사람을 만나매 그에게 예수의 십자가를 억지로 지워 가게 하였더라
33 골고다 즉 해골의 곳이라는 곳에 이르러
34 쓸개 탄 포도주를 예수께 주어 마시게 하려 하였더니 예수께서 맛보시고 마시고자 하지 아니하시더라
35 그들이 예수를 십자가에 못 박은 후에 그 옷을 제비 뽑아 나누고
36 거기 앉아 지키더라
37 그 머리 위에 이는 유대인의 왕 예수라 쓴 죄패를 붙였더라
38 이 때에 예수와 함께 강도 둘이 십자가에 못 박히니 하나는 우편에, 하나는 좌편에 있더라
39 지나가는 자들은 자기 머리를 흔들며 예수를 모욕하여
40 이르되 성전을 헐고 사흘에 짓는 자여 네가 만일 하나님의 아들이어든 자기를 구원하고 십자가에서 내려오라 하며
41 그와 같이 대제사장들도 서기관들과 장로들과 함께 희롱하여 이르되
42 그가 남은 구원하였으되 자기는 구원할 수 없도다 그가 이스라엘의 왕이로다 지금 십자가에서 내려올지어다 그리하면 우리가 믿겠노라
43 그가 하나님을 신뢰하니 하나님이 원하시면 이제 그를 구원하실지라 그의 말이 나는 하나님의 아들이라 하였도다 하며
44 함께 십자가에 못 박힌 강도들도 이와 같이 욕하더라

오늘의 기도 십자가로 구원을 베푸신 은혜와 사랑에 감사하며, 십자가에 못 박히신 예수님을 깊이 묵상하는 하루가 되게 하옵소서.

사순절 제39일

모두에게 버림당하신 예수님

본문: 마태복음 27장 45~56절 ┃ 찬송: 149장 주 달려 죽은 십자가

    예수님의 예루살렘 입성으로 시작된 고난의 일주일은 결국 십자가에서 절정을 이루게 됩니다. 많은 백성의 환호와 함께 시작된 여정은 시간이 흐르며 예수님께서 모두에게 버림받으시는 비극으로 변해갔습니다. 가룟 유다는 예수님을 팔았고, 제자들은 모두 도망쳤으며, 가장 충성스럽던 베드로도 세 번이나 예수님을 부인했습니다. 환호하던 백성들은 빌라도의 재판장에서 "십자가에 못 박으라."며 광기 어리게 외쳐댔습니다. 결국 예수님은 철저히 모든 사람에게 버림받으셨습니다.

    그러나 그 고통은 여기서 끝이 아니었습니다. "나의 하나님, 나의 하나님, 어찌하여 나를 버리셨나이까(46절)" 십자가 위에서 예수님은 하나님께로부터 완전히 버림받은 절망으로 고통스럽게 부르짖으셨습니다. 그러나 예수님은 하나님의 구원 계획을 성취하시려 고통을 감내하셨습니다. 십자가의 고통은 육체적인 아픔을 넘어섭니다. 무거운 십자가를 지고 골고다 언덕을 오르는 일도 손과 발에 못이 박히는 일도 상상할 수 없을 만큼 고통스럽지만, 진정으로 견디기 어려운 것은 '버림당함'의 고통이었습니다. 죄 없으신 예수님께서 죄인의 자리에 서시며, 하나님께로부터 철저히 버림받으신 것입니다.

    예수님께서 아버지 하나님께 버림받으심으로 "죄의 삯은 사망(창 2:17)"이라는 말씀이 십자가에서 완성되었습니다. 예수님은 우리의 죄를 대신 짊어지시고, 진정으로 죽으셨습니다. 십자가를 묵상하며 우리를 위해 희생하신 예수님 앞에 겸손히 나아가기를 바랍니다.

2025. 4. 18 (성금요일)

마태복음 27장 45~56절

45 제육시로부터 온 땅에 어둠이 임하여 제구시까지 계속되더니
46 제구시쯤에 예수께서 크게 소리 질러 이르시되 엘리 엘리 라마 사박다니 하시니 이는 곧 나의 하나님, 나의 하나님, 어찌하여 나를 버리셨나이까 하는 뜻이라
47 거기 섰던 자 중 어떤 이들이 듣고 이르되 이 사람이 엘리야를 부른다 하고
48 그 중의 한 사람이 곧 달려가서 해면을 가져다가 신 포도주에 적시어 갈대에 꿰어 마시게 하거늘
49 그 남은 사람들이 이르되 가만 두라 엘리야가 와서 그를 구원하나 보자 하더라
50 예수께서 다시 크게 소리 지르시고 영혼이 떠나시니라
51 이에 성소 휘장이 위로부터 아래까지 찢어져 둘이 되고 땅이 진동하며 바위가 터지고
52 무덤들이 열리며 자던 성도의 몸이 많이 일어나되
53 예수의 부활 후에 그들이 무덤에서 나와서 거룩한 성에 들어가 많은 사람에게 보이니라
54 백부장과 및 함께 예수를 지키던 자들이 지진과 그 일어난 일들을 보고 심히 두려워하여 이르되 이는 진실로 하나님의 아들이었도다 하더라
55 예수를 섬기며 갈릴리에서부터 따라온 많은 여자가 거기 있어 멀리서 바라보고 있으니
56 그 중에는 막달라 마리아와 또 야고보와 요셉의 어머니 마리아와 또 세베대의 아들들의 어머니도 있더라

오늘의 기도 십자가를 묵상하며 우리의 죄를 위해 희생하신 예수님 앞에 겸손히 나아가게 하옵소서.

사순절 제40일

침묵 속의 기다림

본문: 마태복음 27장 57~66절 | 찬송: 160장 무덤에 머물러

　예수님께서 아리마대 사람 요셉의 무덤에 안치되셨습니다. 예수님께서는 실제로 죽으셨으며, 그 사실을 확인한 목격자들도 있었습니다. 빌라도는 백부장을 통해 예수님의 죽음을 철저히 확인했습니다. 막달라 마리아, 야고보와 요셉의 어머니 마리아, 세베대의 아들들의 어머니, 그리고 아리마대 사람 요셉이 함께 예수님의 시신을 확인했습니다. 이렇게 예수님은 요셉의 새 무덤에 안치되셨고, 안식일이 시작되는 여섯째 날이 되었습니다.

　복음서 중 마태복음만이 여섯째 날의 사건을 기록하고 있습니다. 이날 대제사장들과 바리새인들은 빌라도를 찾아갔습니다. 그들은 예수님께서 생전에 "내가 죽은 지 사흘 만에 살아날 것이다."라고 말씀하신 것을 문제 삼으며, 시신이 도난당할 가능성을 경계했습니다. 만약 누군가 예수님의 시체를 빼돌려 그분이 부활했다고 주장하면, 이전보다 더 큰 혼란과 문제가 발생할 것이라고 우려했던 것입니다. 이에 빌라도는 그들에게 자신들의 경비병을 사용해 무덤을 돌로 인봉하고 지키도록 명령했습니다. 무덤은 봉인되었고, 아무도 그 돌문을 열 수 없도록 굳게 닫혔습니다.

　예수님이 무덤 속에 머물러 계신 이 시간은 철저히 침묵의 시간이며, 절망과 슬픔이 가득한 순간처럼 보입니다. 그러나 이 침묵의 시간이 있어야 부활의 영광이 가능합니다. 무덤은 오늘 닫혀있지만, 내일이면 열릴 것입니다. 오늘 하루, 예수님의 부활을 소망하며 조용히 기다리는 시간을 보내시기 바랍니다. 침묵 속에서 부활의 약속을 묵상하며, 우리의 믿음을 새롭게 하는 시간이 되기를 바랍니다.

2025. 4. 19 (토)

마태복음 27장 57~66절

57 저물었을 때에 아리마대의 부자 요셉이라 하는 사람이 왔으니 그도 예수의 제자라
58 빌라도에게 가서 예수의 시체를 달라 하니 이에 빌라도가 내주라 명령하거늘
59 요셉이 시체를 가져다가 깨끗한 세마포로 싸서
60 바위 속에 판 자기 새 무덤에 넣어 두고 큰 돌을 굴려 무덤 문에 놓고 가니
61 거기 막달라 마리아와 다른 마리아가 무덤을 향하여 앉았더라
62 그 이튿날은 준비일 다음 날이라 대제사장들과 바리새인들이 함께 빌라도에게 모여 이르되
63 주여 저 속이던 자가 살아 있을 때에 말하되 내가 사흘 후에 다시 살아나리라 한 것을 우리가 기억하노니
64 그러므로 명령하여 그 무덤을 사흘까지 굳게 지키게 하소서 그의 제자들이 와서 시체를 도둑질하여 가고 백성에게 말하되 그가 죽은 자 가운데서 살아났다 하면 후의 속임이 전보다 더 클까 하나이다 하니
65 빌라도가 이르되 너희에게 경비병이 있으니 가서 힘대로 굳게 지키라 하거늘
66 그들이 경비병과 함께 가서 돌을 인봉하고 무덤을 굳게 지키니라

오늘의 기도 침묵의 시간이 있어야 부활의 영광이 있음을 알게 하시고, 예수님의 부활을 소망하는 하루가 되게 하옵소서.

부활주일

여기 계시지 않고 살아나셨느니라

본문: 누가복음 24장 1~12절 | 찬송: 171장 하나님의 독생자

어두운 새벽, 죽음의 그림자 속에 있던 무덤이 빛으로 가득 차올랐습니다. 예수님께서 죽음의 권세를 깨뜨리고 무덤에서 살아나셨습니다. 무덤은 더 이상 끝이 아니라, 부활의 시작이 되었습니다. 이 소식은 단지 무덤이 비어 있다는 사실 그 이상이었습니다. 그것은 죽음을 이기신 주님의 승리를 선포하는 증거였습니다.

천사는 여인들에게 물었습니다. "너희가 어찌하여 살아 있는 자를 죽은 자 가운데서 찾느냐?" 이 물음은 부활의 본질을 담고 있습니다. 예수님은 더 이상 죽음 아래 계시지 않습니다. 우리 죄를 위해 죽으신 그분이 이제는 영광 가운데 부활하셔서 생명의 주로 계십니다. 그 빈 무덤은 예수님의 약속이 참됨을 증명합니다. 제자들이 처음 이 소식을 들었을 때 믿지 못했던 것은 인간의 한계를 보여줍니다. 하지만 부활은 우리의 이성과 경험을 뛰어넘는 하나님의 능력입니다. 베드로가 무덤으로 달려가 빈 무덤을 보고 놀라 멈추어 선 것처럼, 우리도 부활의 의미 앞에 멈춰 서야 합니다. 예수님의 부활은 단지 과거의 사건이 아니라 지금도 우리에게 영원한 생명을 주시는 능력입니다.

부활은 끝이 아니라 새로운 시작입니다. 예수님께서 살아나셨기에 우리의 죄와 사망은 더 이상 우리를 묶을 수 없습니다. 오늘 부활주일, 우리는 그 빈 무덤 앞에 서서 예수님이 살아계심을 고백합니다. "여기에 계시지 않고 살아나셨느니라." 이 소식이 우리 삶을 새롭게 하며 영원한 소망으로 이끌어 주실 것입니다.

2025. 4. 20 (주일)

누가복음 24장 1~12절

1 안식 후 첫날 새벽에 이 여자들이 그 준비한 향품을 가지고 무덤에 가서
2 돌이 무덤에서 굴려 옮겨진 것을 보고
3 들어가니 주 예수의 시체가 보이지 아니하더라
4 이로 인하여 근심할 때에 문득 찬란한 옷을 입은 두 사람이 곁에 섰는지라
5 여자들이 두려워 얼굴을 땅에 대니 두 사람이 이르되 어찌하여 살아 있는 자를 죽은 자 가운데서 찾느냐
6 여기 계시지 않고 살아나셨느니라 갈릴리에 계실 때에 너희에게 어떻게 말씀하셨는지를 기억하라
7 이르시기를 인자가 죄인의 손에 넘겨져 십자가에 못 박히고 제삼일에 다시 살아나야 하리라 하셨느니라 한대
8 그들이 예수의 말씀을 기억하고
9 무덤에서 돌아가 이 모든 것을 열한 사도와 다른 모든 이에게 알리니
10 (이 여자들은 막달라 마리아와 요안나와 야고보의 모친 마리아라 또 그들과 함께 한 다른 여자들도 이것을 사도들에게 알리니라)
11 사도들은 그들의 말이 허탄한 듯이 들려 믿지 아니하나
12 베드로는 일어나 무덤에 달려가서 구부려 들여다 보니 세마포만 보이는지라 그 된 일을 놀랍게 여기며 집으로 돌아가니라

오늘의 기도 죽음의 권세를 깨뜨리시고 승리하신 예수님의 부활을 기뻐하며 부활의 주님을 전하는 하루가 되게 하옵소서.

2025 사순절 묵상
40일의 여정

지은이 _ 류승동 김주헌 이명관
발행일 _ 1판 1쇄 2025년 2월 12일
발행인 _ 문창국
편집인 _ 강형규
기획/편집 _ 강영아
미디어 _ 장주한 이재훈 김남선
디자인/일러스트 _ 권미경 하수진
홍보/마케팅 _ 안용환 육준수
경영지원 _ 조미정

펴낸곳 _ 도서출판 사랑마루
서울시 강남구 테헤란로64길 17(대치동)

대표전화 TEL (02) 3459-1051~2/ FAX (02) 3459-1070
홈페이지 http://www.eholynet.org
등록 2011년 1월 17일 등록번호/ 제2011-000013호
ISBN 979-11-90459-47-1 03230
가격 5,000원